我国信托型企业年金治理研究

WOGUO XINTUOXING
QIYE NIANJIN ZHILI YANJIU

王大波 ◎ 著

 四川大学出版社

项目策划：杨　果
责任编辑：杨　果
责任校对：孙滨蓉
封面设计：璞信文化
责任印制：王　炜

图书在版编目（CIP）数据

我国信托型企业年金治理研究 / 王大波著． — 成都：四川大学出版社，2020.12
ISBN 978-7-5690-3368-7

Ⅰ．①我… Ⅱ．①王… Ⅲ．①信托公司－养老保险－研究－中国 Ⅳ．① F842.67

中国版本图书馆 CIP 数据核字（2020）第 010606 号

书　名	我国信托型企业年金治理研究
著　者	王大波
出　版	四川大学出版社
地　址	成都市一环路南一段24号（610065）
发　行	四川大学出版社
书　号	ISBN 978-7-5690-3368-7
印前制作	四川胜翔数码印务设计有限公司
印　刷	成都金龙印务有限责任公司
成品尺寸	170mm×240mm
印　张	10.5
字　数	199千字
版　次	2020年12月第1版
印　次	2020年12月第1次印刷
定　价	49.00元

版权所有 ◆ 侵权必究

◆ 读者邮购本书，请与本社发行科联系。
电话：(028)85408408/(028)85401670/
(028)86408023　邮政编码：610065
◆ 本社图书如有印装质量问题，请寄回出版社调换。
◆ 网址：http://press.scu.edu.cn

四川大学出版社
微信公众号

前　言

从 1875 年美国运通公司（American Express Company）建立世界上第一个正式的企业年金计划开始，企业年金计划已有上百年的历史。随着 20 世纪 70 年代西方经济发展速度放缓和人口老龄化挑战的到来，企业年金制度在为老年经济安全提供保障方面发挥着越来越重要的作用。在各种不同类型的企业年金计划中，信托型计划以其灵活方便和计划基金具有独立性与稳定性、同资本市场的发展联系密切等特征，成为许多国家学习和仿效的对象。与此同时，信托型企业年金制度本身也在不断演进，个人账户基金积累、更多参与资本市场投资活动以及各金融机构对企业年金计划的深度介入等自身管理运营变化，加之老龄化社会的挑战和资本市场风险的传播，迫切需要加强企业年金计划的治理，来进一步保护计划受益人利益，促进计划财务的稳健性和可持续性。然而遗憾的是，这一时期西方国家公共养老基金和企业年金的案件和丑闻层出不穷。受此影响，世界各国认识到养老金的治理存在着有别于一般公司治理原则的独特性，加强养老金计划治理的研究和实践，不断推动企业年金治理向更健康更完善的阶段发展成为一种共识。我国企业年金计划定位为信托型，计划的治理结构和治理机制都还有待完善。通过学习借鉴国外先进做法，结合我国实际提高企业年金计划的治理水平，对我国企业年金计划做大做强和企业年金市场的长远发展有着十分重要的意义。

本书主要体现了如下思路：

一是在用委托代理理论分析企业年金计划治理中道德风险和逆选择的同时，运用行为金融学的理论分析了治理中的一些非理性行为，主要是社会投资，投资风险分散不足，过度投资于自己就职的公司，投资管理人在投资决策中的羊群效应以及投资及业绩评估中的偏差。行为金融学的视角突破了理性经济人的假设，有助于更深刻地理解引起企业年金治理中非理性行为的群体心理，从行为金融理论出发，探讨进一步完善对非理性行为引起的治理风险的防范和控制。

二是提出了构建完善信托型企业年金计划治理框架体系。本书在全面梳理信托型计划治理特点的基础上，借鉴了《OECD企业年金治理准则》，初步构建了包括内、外部治理的治理框架体系，并对其具体内容进行了细分和解释。这一治理框架体系的建立正如设立了一面镜子，从中既可以对照出国外的先进做法，也可以看出我国企业年金计划在治理方面的缺陷，从而有针对性地提出改善措施和政策建议。

三是尝试建立关于我国信托型企业年金计划的治理评价指标体系。目前国内已经开展了对公司治理评价指标建设的工作，但是对于企业年金计划治理的评价指标还没有建立。书中根据信托型企业年金计划治理框架体系，借鉴公司治理评价体系指标，初步从内部治理和外部治理两个维度提出了我国信托型企业年金计划的治理评价指标体系。年金计划评价指标体系的建立，不但可以强化监管机构对年金计划监管的针对性，加强信息披露，还有助于强化受托人的治理主体职责，更有效地保护受益人的利益。

四是提出了发展我国集合企业年金计划的政策思路。当前我国的企业年金计划一般都是单雇主计划，与此相适应的相关法律法规也都是围绕单雇主计划制定的。但是大量中小企业以及行业企业对于集合企业年金计划的需求是十分强烈的。本书在介绍OECD国家和我国香港地区发展集合企业年金计划经验的基础上提出：当前我国集合企业年金计划应该选择前端集合方式；集合计划从一开始就要按照法规要求建立规范的治理结构，倡导保护受益人的理念；重新发现行业企业年金计划的价值；对于机构受托管理的集成计划，要在加强监管的基础上，鼓励受托机构提供"一站式"服务。

五是在分析完善我国企业年金治理的途径方面，提出必须重视从静态存在的治理结构到动态调整的治理机制构建的理念。提倡在静态治理结构的基础上，通过内部制衡发挥作用的内部监控机制和通过市场发挥作用的外部治理机制，形成一个相互联系、不断调整的系统整体，最终实现各方合法权益的最大化。

六是在增强计划参加者和受益人对于企业年金计划受托人的权利制衡能力方面，从制度分析的角度提出要更好地发挥工会组织在促进企业年金计划制度化和规范化方面的作用。

目　　录

绪　　论 (001)
　0.1　选题的背景、意义 (001)
　0.2　企业年金计划有关概念辨析 (004)
　　0.2.1　企业年金计划的界定及分类 (004)
　　0.2.2　企业年金治理的含义 (007)
　0.3　国内外相关研究现状 (008)
　　0.3.1　国内外关于治理结构的理论及其总体研究 (008)
　　0.3.2　国内外关于企业年金治理的研究 (012)
　0.4　研究思路和逻辑结构 (015)

1　企业年金治理结构的理论基础 (018)
　1.1　企业年金的历史发展及其特点 (018)
　1.2　基本理论模型 (021)
　　1.2.1　管家理论 (021)
　　1.2.2　委托代理理论 (022)
　　1.2.3　利益相关者理论 (025)
　1.3　企业年金委托代理风险的一般模型及其基本结论 (027)
　　1.3.1　信托型企业年金计划委托代理关系的表现形式 (027)
　　1.3.2　一般模型及其基本结论 (028)

2　信托型企业年金计划中的委托代理风险及其非理性行为分析 (032)
　2.1　影响信托型企业年金计划委托代理风险的因素 (032)
　　2.1.1　信托型企业年金计划的受托方式 (032)
　　2.1.2　信托型企业年金计划的筹资模式 (033)
　　2.1.3　信托型企业年金计划发起企业的数量 (033)
　　2.1.4　信托型企业年金计划参加员工的范围 (033)
　　2.1.5　监管体系的效率和水平 (034)
　2.2　信托型企业年金计划中的委托代理风险 (034)

  2.2.1　信托型企业年金计划的利益冲突 …………………… (034)
  2.2.2　信托型企业年金计划的逆向选择及其治理 ………… (039)
 2.3　信托型企业年金治理中的非理性行为 …………………………… (040)
  2.3.1　从行为金融学理论来看企业年金计划中的非理性行为
     ——一个新的视角 …………………………………… (041)
  2.3.2　信托型企业年金治理中非理性行为的分析 ………… (041)

3　我国信托型企业年金的治理框架 ……………………………………… (047)
 3.1　公司治理对信托型企业年金治理的影响 ……………………… (047)
 3.2　信托型企业年金运作模式及其治理风险 ……………………… (049)
  3.2.1　独立性风险 ………………………………………………… (050)
  3.2.2　委托代理风险 ……………………………………………… (050)
  3.2.3　非理性行为风险 …………………………………………… (051)
  3.2.4　偿付能力不足风险 ………………………………………… (051)
  3.2.5　监管不力风险 ……………………………………………… (051)
 3.3　信托型企业年金治理框架的特点 ……………………………… (052)
  3.3.1　企业年金基金的独立性比较高 …………………………… (052)
  3.3.2　受托人处于治理主体地位 ………………………………… (052)
  3.3.3　企业年金计划的信息披露要求高 ……………………… (053)
  3.3.4　没有类似公司治理中所经常采用的股权激励机制 …… (053)
  3.3.5　没有明显的市场控制权约束机制 ……………………… (054)
  3.3.6　市场退出机制较为独特 ………………………………… (054)
 3.4　信托型企业年金计划治理框架的构建原则 …………………… (054)
  3.4.1　OECD 企业年金治理框架简介 ………………………… (055)
  3.4.2　我国信托型企业年金计划治理框架的构建原则 …… (058)
 3.5　我国信托型企业年金计划治理框架 …………………………… (060)
  3.5.1　内部治理 …………………………………………………… (061)
  3.5.2　外部治理 …………………………………………………… (067)

4　我国信托型企业年金治理中的缺陷与成因分析 ……………………… (074)
 4.1　我国企业年金历史发展与现状 ………………………………… (074)
  4.1.1　我国企业年金历史回顾 …………………………………… (074)
  4.1.2　我国企业年金发展现状——兼评2004年以来治理情况 … (075)
 4.2　我国信托型企业年金计划内部治理分析 ……………………… (078)
  4.2.1　责任识别 …………………………………………………… (079)

    4.2.2 受托人选举制度 …………………………………………… (081)
    4.2.3 独立受托人制度 …………………………………………… (081)
    4.2.4 内部纠错机制 ……………………………………………… (083)
    4.2.5 激励机制 …………………………………………………… (084)
  4.3 我国信托型企业年金计划外部治理分析 ……………………… (090)
    4.3.1 市场约束机制 ……………………………………………… (090)
    4.3.2 强制性的信息披露机制 …………………………………… (093)
    4.3.3 政府监管及其行业自律管理 ……………………………… (097)
    4.3.4 保险补偿机制 ……………………………………………… (102)

5 完善我国信托型企业年金治理的对策研究 ………………………… (109)
  5.1 完善我国信托型企业年金治理的途径 ………………………… (109)
    5.1.1 我国信托型企业年金计划模式选择下的制度环境 ……… (109)
    5.1.2 企业年金治理完善：一种制度的变迁和创新 …………… (112)
    5.1.3 完善我国信托型企业年金治理的途径探索 ……………… (114)
  5.2 完善我国信托型企业年金治理的政策建议 …………………… (117)
    5.2.1 明确治理主体地位，明晰责任范围，实现企业年金管理体制
        的新旧顺利接轨 …………………………………………… (117)
    5.2.2 通过透明的受托人选举制度和独立受托人制度约束受托人
        权利 ………………………………………………………… (118)
    5.2.3 细化对企业年金计划的纠错机制，加大对计划经办机构违约
        的惩戒力度 ………………………………………………… (119)
    5.2.4 完善对受托人和相关代理人的激励机制 ………………… (120)
    5.2.5 培育企业年金市场，增强计划受托人和投资管理人的竞争
        机制 ………………………………………………………… (122)
    5.2.6 强化信息披露和报告机制 ………………………………… (122)
    5.2.7 积极构建基于风险控制的企业年金监管体系 …………… (126)
    5.2.8 逐步完善我国年金计划保险补偿机制 …………………… (129)
  5.3 发展我国集合企业年金计划的政策思路 ……………………… (131)
    5.3.1 OECD国家和香港发展集合企业年金计划的经验 ……… (131)
    5.3.2 我国集合企业年金计划的模式选择和治理思路 ………… (134)
  5.4 推动公司治理与企业年金计划治理的互动发展 ……………… (135)
    5.4.1 企业年金治理和公司治理的关系 ………………………… (135)
    5.4.2 企业年金参与公司治理的途径 …………………………… (136)

  5.4.3 企业年金参与公司治理的局限性 …………………… (138)
  5.4.4 实现我国信托型企业年金治理和公司治理互动的政策思路
    ………………………………………………………… (138)
6 我国信托型企业年金治理评价指标体系初探 ………………… (141)
 6.1 公司治理评价的发展现状及其评价指标分析 ……………… (141)
  6.1.1 公司治理评价的重要意义 ………………………… (141)
  6.1.2 公司治理评价的国外发展现状 …………………… (142)
 6.2 我国信托型企业年金计划治理评价初探 …………………… (144)
  6.2.1 我国信托型企业年金计划治理评价体系的作用 ………… (144)
  6.2.2 我国信托型企业年金计划治理评价指标体系 …………… (145)
参考文献 …………………………………………………………………… (153)
后 记 …………………………………………………………………… (157)

绪　论

0.1　选题的背景、意义

　　第二次世界大战以后,西方国家建立的普享性的、以税收融资现收现付的公共养老金制度随着 20 世纪 70 年代西方社会经济发展明显缓慢和老龄化社会的到来,面临着巨大的挑战。与此同时,西方社会保障制度理念开始发生变化,强调国家、社会与个人的共同责任,主张自助、互助与国家保障相结合的社会保障理念逐渐成为西方社会保障制度的基本理念①。在这种理念的指引下,逐步降低公共养老金给付水平、鼓励和发展企业年金计划和自愿个人储蓄计划的多支柱养老保障模式逐步成为各国的共识。在这样的历史背景下,世界各国大力发展企业年金计划的趋势方兴未艾。据 OECD 统计,自 2000 年以来,OECD 国家企业年金计划(包括个人养老金计划)资产规模快速增长,由 2001 年的 13 万亿美元上升到 2005 年的 17.9 万亿美元,年均增长速度达到 8.7%。2005 年,企业年金基金占 OECD 国家 GDP 的比重已达到 87.6%(见图 0—1)。各国政府希望通过企业年金计划的发展逐步降低国家财政对公共养老金支出的负担,解决养老金制度的长期融资问题。受此影响,发展中国家和经济转轨国家的养老保障制度也十分重视企业年金的发展,希望通过发展和积累企业年金基金促进经济发展和金融市场的发育,从而实现经济的平稳增长。在拉美各国,以智利为代表,政府建立起了同企业年金运作机理并无本质差别的强制性私人管理养老基金。在东亚,以新加坡为代表建立了由政府部门运营管理的中央公积金制度。我国香港地区在 2000 年引入了由雇主委托私营机构经办的强积金计划。东欧原计划经济国家在改革其养老制度时,一开始就提出注重企业年金的发展,建立多层次养老保障体系。匈牙利早在 1993 年就通过相关法律鼓励建立自愿的补充养老基金和个人账户养老金储蓄。俄罗斯在

---

① 丁建定:《论当代西方社会保障改革》,《中国社会保障》,2006 年第 4 期,第 12~13 页。

1997年以后将发展企业年金作为养老保障体系中的重要支柱，并给予相应的税收减免。对于一些高危险行业和有特殊贡献的专业人才，俄罗斯政府还强制规定雇主为雇员建立企业年金计划。

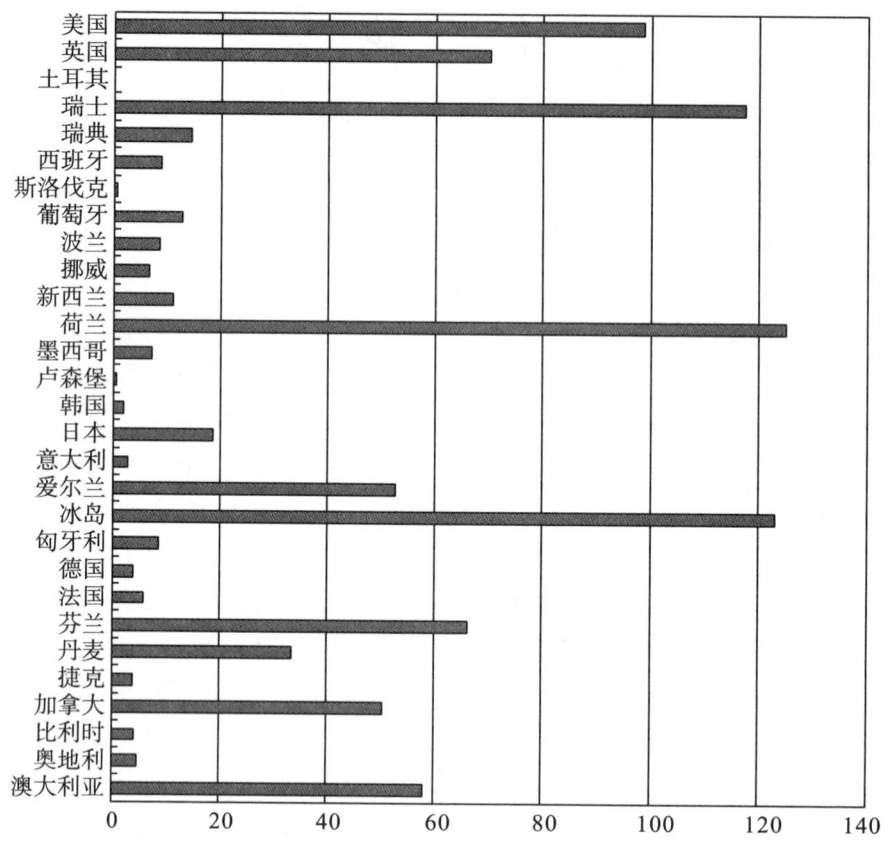

图0-1 OECD国家2005年企业年金基金占GDP比重（%）
资料来源：OECD。

随着企业年金计划获得长足的发展，年金基金尤其是信托型企业年金基金的规模也越来越大，企业年金计划对于维护受益人老年经济安全和社会稳定的影响与责任更大。为了更好地应对人口老龄化和养老金资产现值与未来负债之间出现的巨大缺口，各国的企业年金计划都倾向于采取个人账户积累制，并更多参与资本市场投资的方式来提高收益率。这样做的结果使得企业年金计划逐步以机构投资者身份更多参与公司治理的程度在增加。金融全球化在推动全球经济发展的同时，也加速了金融风险的传递，国际金融体系的动荡更加频繁。如何规避投资风险，更好地保护计划受益人利益成为日渐突出的问题。自20

世纪 90 年代以来,在经济全球化的直接影响下,公司治理问题越来越受到世界各国各界人士的关注,逐渐形成了公司治理的全球浪潮,一系列治理原则和标准纷纷出台。但是,人们对于企业年金计划治理的重视程度依然不够。这一方面是由于企业年金计划在最初发展过程中的基金规模还不大,在多支柱的老年经济保障体系中的地位还没有充分显现。另一方面,各国的企业年金计划种类比较多,立法庞杂,针对不同种类计划和治理理念的治理原则和标准难于取舍和统一。此外,由于企业年金计划本质上是金融机构参与运作融投资活动,所以人们更多地将精力放在公司治理上,想当然地将企业年金治理和公司治理归为同一问题。

在企业年金计划的治理实践中,继 20 世纪 90 年代英国出现麦克威尔事件之后,21 世纪初美国的安然公司倒闭使 15000 名工人一夜之间丧失了老年经济保障,员工的养老金损失达到 13 亿美元之多。西方国家由政府控制的公共养老基金案件也层出不穷。受此影响,世界各国认识到养老金这个特殊实体的治理存在着有别于一般公司治理原则的独特性,加强养老金计划治理的研究和实践,重新树立人们对养老金计划信心的任务非常紧迫,必须完善对企业年金计划的立法,强化监管,有效保护受益人利益。与此同时,这些重大的违规事件暴露出企业年金计划在运营和监管方面的重大缺陷,也成为政府企业年金立法和监管体系改革的先声,并由此不断推动企业年金治理结构向更健康更完善的阶段发展。例如,英国 1991 年挪用企业年金的"麦克威尔事件"成为诞生《1995 年养老金法案》的催化剂,从而确立了今天英国企业年金监管的制度框架[①]。2006 年 8 月,美国总统布什正式签署《2006 年养老金保护法》,对监管美国企业年金计划的主要法规再次进行了修改,更便于 401(k)计划参加员工投资于股市和股票基金,并加强了企业年金计划对员工的投资教育要求和法律保护措施。

目前,世界各国主要的企业年金计划分为公司型、基金会型、契约型和信托型四种。由于信托型企业年金计划基金作为受托财产,具有独立性与稳定性,并且同资本市场的发展联系密切,因而获得了巨大的成功,也成为资本市场上重要的机构力量。我国的企业年金计划在借鉴其他国家经验的基础上定位为信托型。随着我国经济的持续高速发展、市场经济体制的日益成熟、人口老

---

① 郑秉文:《中国企业年金的治理危机及其出路——以上海社保案为例》,《中国人口科学》,2006 年第 6 期,第 15~18 页。

龄化①的加速度行进，大力发展企业年金、构建多层次的养老保障制度的重要性日益凸显。但是，信托型企业年金计划在中国的发展刚刚起步，计划的治理结构和治理机制还都有待完善。与此同时，我国企业年金计划的发展还面临着规范原来补充养老保险管理模式，实现新旧体制顺利交替的历史使命。因此，在这种状态下，在推动企业年金计划数量和规模快速发展的同时，必须强调年金计划治理的完善和对年金计划监管的加强。从一开始就走严格企业年金计划的规范发展道路，这对我国企业年金计划的做大做强和企业年金市场的长远发展有着十分重要的意义。

应该说，同公司治理一样，企业年金的治理作为一种社会经济现象直接受各国历史文化及管理制度等因素的影响，因而世界上存在不同的治理模式，并且这些不同的治理模式随着经济条件的变化不断演进和完善。这种企业年金治理的非唯一性和变化性给各国年金计划治理的实践提出了一定的挑战。但是，不同类型企业年金治理中都有一些共同的因素和遵从的基本目标，那就是年金计划的治理必须要保障员工退休后的利益。众所周知，信托型企业年金计划存在着广泛的委托代理关系，成功的企业年金治理框架，关键在于如何有效地解决年金计划中的委托代理问题。因此基于委托代理理论的视角研究企业年金计划的治理问题，有助于更清晰地发现企业年金计划运作过程中的风险点，从而在治理结构和治理机制的设计中更有针对性地解决问题。一方面，我国企业年金治理的完善可以借鉴国际经验；另一方面，我国的企业年金治理必须联系我国的公司治理现状、我国资本市场的发展水平等外部环境要求，探索完善我国企业年金治理发展主要途径。

0.2 企业年金计划有关概念辨析

0.2.1 企业年金计划的界定及分类

企业年金在国外有多种名称，如 private pension plan、occupational pension plan、supplementary pension plan、complementary pension plan 等。这些称谓的基本含义都是指区别于基本养老保障的养老金计划，然而由于各国的养老制度千差万别，关于企业年金并没有一个十分严格的概念界定。

---

① 2005 年底全国 1% 人口抽样显示，我国 65 岁以上人口达到 10055 万人，占总人口数的 7.7%。按照老龄化评判标准，我国已成为人口老龄化国家。

从广义上来讲，企业年金是指基本（或公共）养老保障计划之外的补充形式的养老保险计划。它一般具有私人管理、个人账户、基金制等特征（当然也有例外）。世界各国在养老保障制度的具体设计方面所体现出的差异性使得不同国家的企业年金概念外延也不尽相同。就基本（或公共）养老保障而言，目前世界上主要有两种方式：第一种是采用社会保险模式，第二种则采用统一的国民养老金给付+收入关联的补充养老金方式。自从世界银行的"多支柱"养老模式风靡各国以来，企业年金又集中体现为一种职业福利，即第二层次的补充养老保险。我国于2000年正式将原企业补充养老保险规范为企业年金，也主要是将企业年金定位为第二层次。根据2004年我国劳动和社会保障部颁布的《企业年金试行办法》规定，我国企业年金是指企业及其职工在依法参加基本养老保险的基础上，自愿建立的补充养老保险制度。

本书采用广义的企业年金概念，即企业年金指基本的养老保险或统一国民养老金（不包括收入关联部分）之外，由国家专门规范，由专门机构管理与实施的补充养老保险计划。同多层次（支柱）养老保险模式相比，企业年金主要体现为第二层次的养老保险计划。一些国家的个人养老存款以及商业人寿保险计划也具有个人账户私人管理、享受税收优惠的特征，其运作机理同企业年金并无本质上的区别。因此企业年金的概念有时也包括覆盖第三层次个人养老存款以及商业人寿保险计划。

企业年金计划按照财务机制、给付方式和治理结构等不同标准，可以有不同的类型划分。世界范围企业年金计划的法律组织形式不尽相同。企业年金计划的治理结构往往受到一些因素的影响，例如，计划筹资模式、计划举办方式、参加计划的自由度等。但不管怎样，每个企业年金计划都应设立一个治理主体。所谓治理主体（Governance Body），一般是指发起人组建企业年金计划后交由管理的机构，这个主体机构有管理企业年金的法定权利，并对确保遵守协议条款及维护计划成员和受益者最佳利益负有最终责任。企业年金计划的治理主体处于治理结构的核心地位，负责企业年金的营运和监管。这个治理主体可以是一个人、一个委员会，或多人组成的诸多委员会，或一个法人实体。在考察企业年金计划的治理结构时，有必要根据企业年金基金是否具有独立的法人地位以及计划参加者是否对计划资产拥有处置权将年金计划大致划分成几种模式：公司型、基金会型、信托型和契约型（见表0-1）。

表 0-1 企业年金计划的主要模式

类型	企业年金计划的治理主体	计划基金是否具有独立的法人地位	计划参加者是否对计划资产拥有处置权	典型举例
公司型	公司董事会	具有	有	德国"互助保险工会"、匈牙利"互助储蓄工会"
基金会型	董事会	具有	无	丹麦、芬兰、挪威、瑞典的封闭型基金
信托型	计划受托人	无	无	盎格鲁-撒克逊国家的养老基金
契约型	无特定,一般为银行或保险公司	无	有	主要有银行和保险公司提供的养老金计划

资料来源：根据胡云超《养老基金治理结构和治理机制：原则与理念》、罗伯特·罗查等《改进养老基金的监管：银行部门有哪些教训》相关内容整理。

多数契约型企业年金计划是由银行和保险公司提供的，年金基金没有独立法人地位。计划的参加者在治理主体中没有代表，尽管他们可以采用用脚投票①的方式选择退出而参加其他计划，但要受到许多限制。因此，从本质上讲，该种模式下保险公司和银行实际上承担了账户管理、投资管理、资产保全等主要服务功能，并且完全依靠公司通过内控制度建设来进行风险管理，企业年金计划的治理质量主要取决于公司的治理结构和监管机构对公司监管的成效。

公司型企业年金计划具有独立法人地位，由内部产生的董事会作为治理主体，年金计划的治理质量取决于股份公司特别是这类基金的法律和监管框架。由于这类基金单独组建，因此比保险公司和银行的账户要透明，但是和契约型一样，会产生年金计划资产和公司自有资产不分的问题。

基金会型计划具有独立法人地位，一般由内部产生的董事会作为治理主体，按照独立运作原则，基金会的剩余索取权与控制权分离，基金会仅享有在规定范围内的剩余控制权。基金会型计划往往由具备一定联系的成员（同一雇主或工会）参加，更具有组织性。

信托模式建立在金融信托法律关系基础之上，年金基金没有独立的法人地位，治理主体往往是指计划的受托人，一般由劳资双方组成的企业内部理事会或者由劳资双方委托对计划进行管理的外部专业机构充当。

---

① 用脚投票主要指通过在证券市场出售所持股票来表达持股意愿，通过直接影响公司股票价格来表达对公司内部治理或经营业绩的意见。

上述几种模式各有其特点，没有特别的优劣之分。一个国家选择哪种治理结构下的企业年金计划，主要取决于该国长期以来形成的法律传统、税收优惠以及基本或公共养老金的发展状况等因素。

0.2.2 企业年金治理的含义

在企业年金计划中，"治理"一词是指受托人或年金计划的运营人将计划的内部控制和运作程序安排得恰到好处，以确保计划得以以最小的成本和最高的效率运营，计划资产的安全性得到有效保障。就其本质上的金融手段和运作程序而言，企业年金计划同其他金融机构一样，都要遵循公司治理的一般原则和基本要求。

企业年金作为退休人员的一种资产储备，其来源一般是企业年金计划成员的日常缴费和运营收益，其用途也只能是计划成员及其相关受益人的退休或其他相关福利支付。尽管不同类型的企业年金计划运营方式不同而存在一定区别，但是都面临一个共同的问题，那就是涉及企业年金计划的代理机构较多，各种委托代理关系的存在使得各种代理机构和各种计划委托代理人之间的利益冲突问题凸显。考虑到计划参加人从缴费到给付时间周期长，为了资金安全的需要，企业年金计划一方面要促进以养老金计划成员和受益人利益为核心管理模式的形成，另一方面又要有利用增强各方代理机构共同构建养老基金高效管理的信心，更加有效地服务于企业年金基金的保值增值。从本质上讲，企业年金仍还是一种金融手段，与银行、保险公司、共同基金、信用社等其他功能类似的金融机构没有什么两样，即也是将公众手中众多零散资金聚集到一起，形成一个资本水池，然后与投资者就风险、资金流动性和收益分配等相关事项达成协议并据此进行投资运作（郑秉文 2005）。因此，企业年金计划的治理实际上折射出公司治理问题一定程度上在企业年金这种特殊目的的法人实体或养老基金实体形式中的存在，有关公司治理的理念和原则一样适应于企业年金治理。企业运营面临的两个基本问题是经营者选择和激励问题，也就是如何保证真正有企业家才能的人管理企业和如何使企业成员积极努力工作的问题。合理的产权安排有助于建立良好的公司治理结构解决上述代理问题。现代企业理论认为，对剩余索取权和剩余控制权的合理配置是对等的。也就是说，享有剩余索取权的人也应该有剩余控制权，拥有剩余控制权的人也应该获得剩余索取权。具体到企业年金计划，剩余控制权就是无法在代理合约中详细规定的对年金基金和投资活动的指挥权，剩余索取权就是计划参加人或受益人在取得年金计划给付条件后对养老金的所有权利。笔者认为，企业年金治理的本质就是设计一系列合约安排，使企业年金计划的参加人或受益人真正享有对计划的剩余索取权和剩余控制权。一般地讲，公司治理可以分为两个部分：一个是治理结构（governance structure），另一个是治理机制（governance mechanism）。治理结构包括股权结构、董事会、监事会、经营班子的设置、人员安排和权利安排等。治理机制包括用人机制、监督机制和激励机制，比如用人机制又可细分为董事长人选、独立董事人选、CEO人选等。治理结构和治理机制两者共同决定了治理效率的高低。类似地，企业年金的治理也可以分为治理结构和治理机制两个层面。具体而言，笔者认为，企业年金的治理应该包括或体现在年金计划的政策、计划当事人和具体的治理实践方面；企业年金的治理应该能够在治理结构层面上确保管理责任和监督责任之间的合理划分，计划运作程序和指导原则有书面的政策规范，经办人的经营被纳入法制框架；同时，在计划的治理实践中，在治理机制的作用下，经办人行为应符合法律要求，计划运作程序或指导原则为当事人所领会并遵照实施。

0.3 国内外相关研究现状

0.3.1 国内外关于治理结构的理论及其总体研究

企业年金治理和公司治理存在着密切的联系，公司治理无疑是企业年金治理的起点和基石。近些年来，国内外许多学者对公司治理所涉及的问题都进行了比较深入的研究，出现了大量的文献和研究成果，但对于公司治理的定义并没有形成一致的认识，而是从不同的角度或方面回答了什么是公司治理这一问题。

0.3.1.1 西方公司治理的理论模式

1. 股东治理模式

Berle、Means（1932）及Jensen、Meckling（1976）认为，公司治理应致力于解决所有者与经营者之间的关系，公司治理的焦点在于使所有者与经营者的利益相一致。Fama、Jensen（1983）进一步提出，公司治理研究的是所有权与经营权分离情况下的代理人问题，其中心问题是如何降低代理成本。Shleifer、Vishny（1997）认为公司治理要处理的是公司的资本供给者如何确保自己可以得到投资回报的途径问题，公司治理的中心是要保证资本供给者（包括股东和债权人）的利益。上述学者对公司治理内涵的界定偏重于所有者

（一般情况下即为股东）的利益，因此称为"股东治理模式"。其中又分为两种理论：一是委托代理理论。其基本观点是：公司股东和经理人是委托代理关系，经理人应以股东利益最大化为经营目标，但由于二者目标函数不一致及信息不对称，会导致经理人为自己的利益而做出损害股东利益的行为，产生代理成本。公司治理的目标就是使代理成本最小化。为此，他们主张通过董事会、股东的监督，完善的审计和信息披露制度，经理层的竞争，债务的约束和激励等机制有效的约束、激励经理层的行为，以实现股东和公司价值最大化。所以，他们主张为公司控制提供一个不受限制的市场，并主张增加股东的权利。二是市场短视理论。该理论认为：市场经常会施加短期压力，迫使经理把精力放在现行股价和恶意收购上，忽视长期经营目标。因此，治理的目标是要促使经营者和股东共同关注企业长期的发展和利益。以上两种理论的目标一致，都主张公司治理要追求股东利益最大化，但实现目标的手段不同，前者强化股东对经营的监督和约束，后者则在寻求使经营者躲避股东关注短期股票价格压力的方案。

2. 利益相关者治理模式

Cochran、Wartick（1988）认为，公司治理要解决的是高级管理人员、股东、董事会和公司的其他相关利益者相互作用产生的诸多特定的问题。布莱尔（1995）认为公司治理是指有关公司控制权或剩余索取权分配的一整套法律、文化和制度性安排，这些安排决定公司的目标，谁拥有公司，如何控制公司，风险和收益如何在公司的一系列组成人员包括股东、债权人、职工、用户、供应商及公司所有者之间分配等一系列问题[①]。以上学者对公司治理的阐述把利益相关者放在与股东相同的位置上，称为"利益相关者治理模式"。在这种模式下，公司治理追求的是社会利益最大化。随着社会和企业的发展，职工、债权人、供应商、用户等利益相关者和企业的关系越来越紧密，其行为对企业利益的实现也产生越来越大的影响。在各主体之间多次合作博弈的情况下，只有相互真诚合作才可以使企业得到更多的好处，在长期竞争中赢得优势。布莱尔认为，在企业运行中，利益相关者都承担风险，拥有剩余索取权。相对于分散、消极的小股东而言，他们与企业的利害关系更为密切，因此，有效的治理结构应向这些利益相关者提供所有者那样的激励、权利和责任。

---

① 布莱尔：《共同的所有权》，《改革》，1995年第5期，第23~24页。

0.3.1.2 我国公司治理模式

我国学术界对公司治理这一概念提出了不同的观点，试图寻找适合中国国情的公司治理模式。

1. 制度安排学说

斯坦福大学教授钱颖一认为，在经济学家看来，公司治理结构是一套制度安排，用于支配若干在企业中有重大利害关系的团体——投资者、经理人员、职工之间的关系，并从这种联盟中实现各自的经济利益[①]。公司治理结构包括：如何配置和行使控制权，如何评价和监督董事会、经理人员和员工，如何设计和实施激励机制。一般而言，良好的公司治理结构利用这些制度安排并选择一种结构来降低代理人成本。胡汝银认为，公司管治（即公司治理结构）是董事和高级经理人员为了股东、职员、顾客、供应商及提供间接融资的金融机构的利益而管理和控制公司的一种制度和方法[②]。钱颖一教授和胡汝银的理论观点都跳出了股东、董事会和经理人的范畴，涉及更广泛的利益相关者团体，通过制度的安排协调利益相关者之间的关系。林毅夫、李周（1997）认为，所谓公司治理结构，是指所有者对企业的经营和绩效进行监督和控制的一整套制度安排，是为解决委托代理问题而产生的[③]。他强调通过市场实现间接控制或外部控制。因为任何一种公司内部治理模式和具体的监督机制是多样的，而且处于不断的制度创新中。但市场环境却是可以确定的，永远是两权分离下形成有效的企业制度的前提条件。费方域把公司治理的本质看作一种合同关系，是一套制度安排，它给出公司各利益相关者之间的关系框架，对公司目标、总的原则、决策办法、谁拥有剩余决策权和剩余索取权等定下规则，用于代表和服务于出资者（或利益相关者）的利益[④]。其主要功能是解决由谁根据什么来评判经营者，并在代理成本太高时用更好的经营者代替不好的经营者，以更好地对"内部人"加以控制、监督、激励和约束。

2. 组织结构学说

吴敬琏（1994）认为，所谓公司治理结构，是指由所有者、董事会和高级

---

① 钱颖一：《中国公司治理结构改革和融资改革》，《经济研究》，1995年第1期，第20~25页。
② 胡汝银：《中国上市公司治理机制与独立董事制度建设》，《中国金融》，2000年第9期，第17~19页。
③ 林毅夫、李周：《现代企业制度的内涵与国有企业改革方向》，《经济研究》，1997年第3期，第9~12页。
④ 费方域：《什么是公司治理》，《上海经济研究》，1996年第5期，第33~37页。

执行人员即高级经理人员三者组成的一种组织结构。在这种组织结构中，上述三者形成一定的制衡关系①。通过这一结构，所有者将自己的资产交由公司董事会托管；公司董事会是公司的最高决策机构，拥有对高级经理人员的聘用、奖惩及解雇权；高级经理人员受雇于董事会，组成董事会领导下的执行机构，在董事会的授权范围内经营企业。它所强调的是一种制衡关系，在公司治理中，股东、董事会、经理人员三者性质不同，有各自的功能和独立性，但在权、责、利方面又相互制约，形成制衡关系。贾永轩（2003）认为，公司治理结构并不仅仅是指公司法人治理结构，即所有者与经营者关系的治理机制。一般来讲，公司治理结构主要包括下述四个方面：公司所有权（者）治理结构、公司法人治理结构、公司经营权（者）治理结构、公司制度治理结构。公司治理结构的实质是权力分配制衡机制，即明确股东、董事、监事、经理和其他利益相关人之间权利和责任的分配，规定公司议事规则和程序，并决定公司目标和组织结构以及实施目标和进行监督的手段。贾永轩把公司治理结构形象地比喻为"四轮驱动"。他说，如果把公司比喻成一辆汽车，那么公司治理结构的四个方面好比汽车的四个轮子。当四个轮子同时驱动，形成合力，达到制衡时，汽车就能高速正常前行；四轮中任何一个轮子出现问题，汽车都难以正常行驶，甚至出现大翻车现象②。

3. 决策控制学说

张维迎（1999）认为，公司治理是指有关公司控制权和剩余索取权分配的一整套法律、文化和制度性安排，这些安排决定公司的目标，谁在什么状态下实施控制，如何控制，风险和收益如何在不同企业成员之间分配等问题③。也就是使剩余索取权与剩余控制权应尽可能地对应，即拥有剩余索取权和承担风险的人应拥有控制权；或者反之，拥有控制权的人应承担风险。杨瑞龙在研究国有企业治理结构的效率问题中提出，在政府作为所有者的条件下，会产生股东至上的倾向，导致"行政干预下的经营者控制型"企业治理结构。这导致政府对企业行使所有权时会陷于管制干预过多，不管则失去控制的两难境地。另外，由政府官员行使监管权，经营者与监管者"合谋"，导致监管不力，而中小股东又难以行使监管权。为克服这些问题，我国应选择共同治理模式，企业不仅要重视股东权益，也要重视其他利益相关者对经营者的监控，使各利益主

---

① 吴敬琏：《现代公司与企业改革》，天津人民出版社，1994年，第68页。
② 贾永轩：《"四轮驱动"公司治理结构》，《中国企业报》，2003年6月6日，第30版。
③ 张维迎：《企业理论与中国企业改革发展》，北京大学出版社，1999，第101~120页。

体的剩余控制权和剩余索取权相对应①。两种观点前者较注重企业所有者在公司治理中的作用，后者则强调利益相关者作用的发挥，但两种观点都提出了风险与收益的对等。

应该说，公司治理是一个多角度、多层次的概念，很难用简单的术语来表达。但从公司治理这一问题的产生与发展来看，可以从狭义和广义两方面去理解。狭义的公司治理，是指所有者主要是股东对经营者的一种监督与制衡机制，即通过一种制度安排，来合理地配置所有者与经营者之间的权利与责任关系。公司治理的目标是保证股东利益的最大化，防止经营者对所有者利益的背离。其主要特点是通过股东大会、董事会、监事会及管理层所构成的公司治理结构的内部治理。广义的公司治理则不局限于股东对经营者的制衡，而是涉及广泛的利害相关者，包括股东、债权人、供应商、雇员、政府和社区等与公司有利害关系的集团。公司治理是通过一套包括正式或非正式的、内部的或外部的制度或机制来协调公司与所有利害相关者之间的利益关系，以保证公司决策的科学化，从而最终维护公司各方面的利益。因为在广义上，公司已不仅仅是股东的公司，而是一个利益共同体，公司的治理机制也不仅仅限于以治理结构为基础的内部治理，而是利益相关者通过一系列内部、外部机制来实施共同治理。治理的目标不仅是股东利益的最大化，而是要确保公司决策的科学性，保证公司各方面的利益相关者的利益最大化。

0.3.1.3　公司治理问题研究的内容

公司治理是新制度经济学研究的重要问题，从本质上讲，公司治理就是研究相关组织制度的形成和重新塑造以及如何在动态运行中提高效率的问题。公司治理结构问题研究的内容就是如何构建有效的企业治理系统，从静态角度来看，它体现为一整套合理界定公司利益相关者——股东、债权人、经营者、职工、政府和其他利益相关者之间责权利，合理配置剩余索取权与控制权的契约制度。从动态角度来看，公司治理则体现为一套有助于直接或间接执行这些契约制度的机制，具体表现为科学的激励约束机制和权力制衡机制。

0.3.2　国内外关于企业年金治理的研究

相比较而言，国外学者在传统上把企业年金的治理纳入公司治理的范畴，由于有较为完善的金融体系、民主的工会组织以及发达的监管体系，国外文献

---

① 杨瑞龙：《怎样提高国有企业治理结构的效率》，《前线》，1999年第1期，第11~13页。

更多的是考虑在公司治理的框架下细化对年金计划治理主体的责任和对计划受益人的保护措施。同时，国外学者更关注公共养老金的治理以及 DB（受益既定）和 DC（缴费既定）计划中治理责任的安排问题。

Timothy Besley、Andrea Prat（2003）运用合约理论分析了单雇主企业年金计划剩余索取权和对资产配置、筹资决定、基金管理等治理结构的相互作用。他们认为，在完全合约条件下，治理结构对于 DB 和 BC 型企业年金计划是中性的；在非完全合约的条件下，剩余索取权和治理结构是密切相关的。

David Hess、Gregorio Impavido（2003）认为委托代理理论有助于理解和提高养老金治理水平。从公共养老金治理的角度，他们提出没有一成不变的治理结构，不同的治理目标、政治环境、金融市场条件、基金管理人的竞争程度以及其他因素都会影响养老金的治理结构。最优的养老金计划需要深刻洞察养老金计划中存在的潜在委托代理问题和利益冲突，以最小的成本，从治理机制方面加以控制。

Stefan Schmitz（2005）以奥地利为对象，运用制度经济学理论分析了企业年金的治理及其政治经济学影响。作者认为在受益人同受托人的实际利益冲突中，往往是以牺牲受益人的利益为代价的，这种治理结构将会对受益人的利益产生恶性循环，因此企业年金的治理必须强调治理结构中受益人利益不应受到年金理事会的干扰。

国内学者目前着重于对国外企业年金治理经验的借鉴和对我国企业年金治理的制度安排设计方面的研究。

胡云超（2005）详细介绍了 OECD 国家的治理机构和治理机制，认为我国企业年金治理框架和 OECD 国家基本一致，但是目前我国企业年金监管法律存在许多严重影响我国企业年金发展的方面，表现为没有明确确定计划成员利益至上的原则；仅赋予签约主体中法人机构的签约权，忽视了广大计划参加人的权利；年金理事会法律地位未定，缺乏独立性；受托人和投资管理人的身份重叠，缺乏权力制衡机制；会加剧收入不平等和内部缴费不公平；缺乏惩罚机制；监察机构缺位；无法解决年金可携带性问题。

邓大松、刘昌平（2005）认为企业年金基金治理可以被设计成一系列制度安排，包括用于保护计划参与者利益的法律和监管框架。一个完善的治理体系将给予所有计划运作和监督主体有效的激励，确保其代表计划参与者的最佳利益。按照我国企业年金计划信托管理模式的要求，企业年金计划应该有合适的控制机制、信息披露机制和激励机制，以鼓励治理主体作出正确的决策，及时和正确履行职责，定期讨论和评估。

郑秉文（2005）认为当前我国企业年金最突出的一个重大问题就是治理主体的法律地位问题没有得到很好的解决。大型企业的企业年金理事会的法律地位始终没有明确。这些问题不解决，年金的"治理主体"在法律上就造成了事实上的"缺位"和"真空"。

徐红燕、罗建幸（2002）认为企业年金的运作过程中，基金法人分别与投资管理人和托管银行形成委托代理关系。这种委托代理关系的本质属性，必然会产生"内部人控制现象"，甚至投资管理人和托管银行合谋损害年金计划成员的情况也会发生。要改善企业年金运行中出现的内部人控制现象，一是改善契约结构，二是运用市场力量，对投资管理人形成外在的压力，强制其努力提高投资水平。

刘艳丽（2005）通过对信托型和公司型企业年金计划治理的比较认为，完善我国企业年金治理中，在建立有效的内部治理结构和外部治理机制的同时，应着重发展第三方治理，即强调法律、监管机构和基金托管人的作用。

李天成（2005）认为由于企业年金面临多层复杂的委托代理关系，其治理的产出效率取决于每个单层委托代理的产出效率。从这个意义上说，需要加强对每个委托代理关系的监管。就单层委托代理关系而言，企业年金治理过程中委托人对代理人激励合同的设计是提高单层委托代理关系的关键。由于企业年金代理人收益的边际函数随着代理人在不同努力程度下的产出之比的变化而变化，因此加入激励合同中的观测变量取决于对代理人努力水平的可观察程度。

巴曙松、陈华良、贾蓓（2005）研究了企业年金理事会受托模式下信托关系和信托义务的冲突、市场失灵的可能性以及对于监管效力的稀释，介绍了我国企业年金理事会受托模式治理现状与各国经验，从员工、企业、市场和监管角度提出理事会受托模式下的治理结构的完善措施。

陈华良（2005）提出在多企业联合的企业年金计划应注重完善其治理结构，以防范年金运作中的风险。多企业联合的年金计划中，部门的设置、职责的分配以及内部控制等方面都需要进行相应调整，从而保障年金计划的顺利实施。这就涉及完善企业治理结构的问题，基于企业自身以及年金计划的特点，找到风险所在，对企业治理结构中的相应环节进行完善，将成为防范年金风险，保障年金资产安全的有效途径。这一目标一方面需要联合年金理事会的统一协调，另一方面也要求参与计划各个企业之间的相互配合。

卢仿先、张宁、汪忠（2005）根据模型的分析认为：养老金参与公司治理，有助于提高项目的净现值；养老金参与监督与不参与监督相比，将使养老金的收益增加，而使管理者的收益减少，并使管理者的道德风险行为减少；在养老金参与监督的情况下，当管理者所有权为0时，公司的代理成本最小；在特定经济体的监督难度下，养老金的监督概率会随着管理者所有权股份比例的上升而下降。

综上所述，目前国内外对企业年金治理研究具有以下几个方面的特征：首先，倾向于借鉴公司治理的原则和理念为企业年金治理制定相关的参考框架。其次，对于公共养老金治理的研究分析比较多，较少涉及企业年金的治理。再次，更多地把企业年金治理作为一个外生变量对待，研究企业年金作为机构投资者对于公司治理的影响。最后，对于委托代理风险在整个企业年金计划中的存在环节和风险方法缺乏系统完整的分析，也没有建立起对企业年金治理的整体框架体系。

鉴于此，本书拟将企业年金治理作为内生变量，其治理机构和治理机制都是根据委托代理关系来设计的。尝试建立起我国信托型企业年金治理的整体框架体系，在此框架内分析和梳理我国企业年金计划治理存在的问题和风险，并初步提出了治理指标体系的构成。同时，把公司治理和企业年金治理联系起来，考虑通过二者的互动推动企业年金治理。

0.4 研究思路和逻辑结构

本书的基本思路是试图将企业年金治理作为内生变量，通过分析企业年金计划中委托代理关系，运用行为金融理论分析年金计划治理中非理性行为，从而得出消除计划治理中利益冲突、逆向选择以及减少非理性行为的基本解决方法，进而借鉴国外治理经验并结合我国实际，构建较为完善的企业年金治理框架体系。根据这一理想状态下的治理框架，比照分析我国企业年金计划存在的问题和国外的先进经验，提出我国企业年金计划在治理结构和治理机制上的改进措施，并初步构建我国企业年金计划的评价指标体系。

全书共有6章，分为3个部分。第1部分主要包括第1章至第2章，阐述了企业年金治理的理论基础和由理论推导出解决委托代理问题的一般性结论，进而深入分析企业年金计划中利益冲突及其非理性行为。第2部分主要包括第3章至第4章，提出了我国信托型企业年金计划的治理框架，对照理想状态下的完善治理框架分析了我国企业年金治理中存在的问题。第3部分主要包括第5章至第6章，针对我国信托型企业年金治理中的缺陷与成因，提出了完善的途径及其政策建议，对我国企业年金计划治理评价指标体系进行了初步探索。

具体内容和观点如下：

第1章企业年金治理结构的理论基础：主要分析了有关企业年金的发展，总结了国外企业年金治理的新发展及其特点。介绍了管家理论、委托代理理论、利益相关者理论等有关治理结构方面的理论，分析了企业年金委托代理风险的一般模型及其基本结论。制度性的信息披露、社会舆论和独立董事的监督、中介组织畅通的信息传递渠道等可以改善企业年金计划治理中的信息不对称；信誉机制的存在可以提供隐形的激励，督促年金计划的治理主体、投资管理人、基金托管人以及审计、精算等其他中介机构，保障基金的安全和增值；企业年金计划的发起人和受益人在选择代理人时，可以通过设计多种合同版本来甄别信息，选择最优代理人；政府的管制和法制在一定程度上可以弥补信誉缺失的问题，有助于企业年金市场的发展。

第2章信托型企业年金计划中的委托代理风险及其非理性行为分析：主要分析了信托型企业年金计划中的利益冲突及其逆向选择风险以及信托型企业年金治理中的非理性行为。企业年金计划的利益冲突交易划分为本人交易、共同交易、代理交易、自我投资四类。依靠政府建立企业年金市场的准入制度和独立机构的评估是有效减少逆向选择的手段。在研究企业年金治理问题时，行为金融理论能够更深刻地帮助我们理解引起企业年金治理中非理性行为的群体心理，从而在治理结构和治理机制方面进一步完善对风险的防范和控制。

第3章我国信托型企业年金的治理框架：主要分析了信托型企业年金运作过程中的治理风险，以及治理框架的特点及其构建的原则，提出完善的信托型企业年金计划治理框架应该由内部治理和外部治理有机结合而成，内部治理是企业年金计划治理结构的核心和基础，外部治理是保障。内部治理包括治理结构中责任识别、受托人选举制度、独立受托人制度、内部纠错制度、内部激励机制等内容，外部治理包括受托人及相关代理人市场、强制性信息披露制度、政府及法规监管、行业自律机制以及保险补偿机制等内容。

第4章我国信托型企业年金治理中的缺陷与成因分析：主要介绍了我国企业年金的发展与现状，比照完善的企业年金治理框架，分析了我国信托型企业年金治理中的委托代理关系，从内部治理和外部治理方面分析了我国信托型企业年金存在的问题。

第5章完善我国企业年金治理的对策研究：本章是全书最重要的内容，主要提出了完善我国企业年金治理的途径。一是完善我国企业年金治理，要充分发挥政府的推动作用，加强对企业年金制度的供给能力。二是注重学习借鉴国外的经验教训。三是增强计划参加者和受益人对于企业年金计划受托人的权利制衡能力，更好地发挥工会组织在促进企业年金计划制度化和规范化方面的作用。四是重视从静态存在的治理结构到动态调整的治理机制的构建。五是着力培育和优化有利于完善和改进企业年金治理的文化理念。六是通过公司治理和企业年金计划治理的互动发展来进一步完善企业年金计划。政策建议方面：一是明确治理主体地位，明晰责任范围，实现企业年金新旧管理体制的顺利接轨。二是通过透明的受托人选举制度和独立受托人制度约束受托人权利。三是细化对企业年金计划的纠错机制，加大对计划经办机构违约的惩戒力度。四是完善对受托人和相关代理人的激励机制。五是培育企业年金市场，增强计划受托人和投资管理人的竞争机制。六是强化信息披露和报告机制。七是积极构建基于风险控制的企业年金监管体系。八是逐步完善我国年金计划保险补偿机制。对于目前还没有建立的集合型企业年金计划，本章也提出了发展政策思路，并对推动公司治理与企业年金计划治理的互动发展提出了具体政策建议。

第6章我国信托型企业年金治理评价指标体系初探：主要在介绍公司治理评价的发展现状及其评价指标的基础上，提出了我国信托型企业年金计划治理的指标体系。其中，外部治理指标主要由外部市场机制、法律基础、监管环境、信息披露和保险补偿保护等5大部分构成，共有40个子指标；内部治理指标主要由责任识别、受托人选举制度、独立受托人制度、内部纠错制度和激励机制等5大部分构成，共有32个子指标。

1 企业年金治理结构的理论基础

1.1 企业年金的历史发展及其特点

世界上第一个正式的企业年金计划是 1875 年由美国运通公司（American Express Company）为其雇员建立的养老金计划。企业年金的发展已经有一百多年的历史了。与公共养老金计划相比，企业年金或与其类似的互助计划的历史更加源远流长。美国公共养老金体系的建立只有 70 年左右的历史，但是私人养老金计划的历史却有 130 年以上。在英国，企业年金的历史可以追溯到 19 世纪末期的各种工人互助社时期。企业年金的出现有其深刻的时代背景。当时的世界正处于从农村农耕经济转向城市大工业经济的伟大变革之中。受经济结构嬗变的影响，先前几代同堂，主要依靠家庭提供经济支持和人力看护服务的养老方式受到前所未有的挑战。社会经济中以现金交换为主，每一代人建立以自我为核心的单独家庭越来越普及。在这样的大背景下，建立企业年金、提供养老支持已经逐步成为雇员的潜在需求。但在当时，同要求改善工作条件、减少工时、提高工资待遇以及争取雇员组织工会的权利相比，它还没有成为一个主要的社会问题。因此，企业年金计划的建立依然寥若晨星。随着工业经济的快速发展，科学技术的日新月异，加上社会民主化程度的提高和社会意识的深刻变化，雇主们逐渐认识到了人力资源的重要价值，只有工人心境愉悦，情绪稳定，充满自信，才可能产生较高的生产率和创造精神，而企业年金计划正是解决工人养老后顾之忧的一剂良药。基于这种认识，企业年金计划开始在许多工业化国家流行开来，并被纳入企业人力资源管理战略，作为员工福利的一部分被正式确定下来。尽管如此，企业年金的覆盖率在第二次世界大战之前依然较低，并且主要向熟练工人以及高级管理人员倾斜，企业年金计划在可携带性和既得受益权方面的规定也不尽合理。第二次世界大战之后，受贝弗里奇报告①的影响，公共养老金计划逐渐成熟，其给付水平很高，在一定程度上抑制了企业年金计划的发展。随着时间的推移，慷慨的公共养老金体系也逐渐显露出诸多弊端。与此同时，预期寿命的延长，人口老龄化趋势的加速又进一步加剧了现收现付制下养老保障制度的财政和税收负担。因此，从20世纪80年代开始，世界各国又开始缩小国家所承担的公共养老金义务，鼓励私人养老金计划的发展，普遍从现收现付制转向基金制。在这种历史大背景下，各种企业年金计划生逢其时，被人们当作完善养老保障体系，建立多支柱、多筹资渠道系统的重要手段。加之世界银行多支柱理论的传播，各国政府对企业年金青睐有加，给予各种税收优惠，从而使企业年金计划获得了长足的发展。

早期的企业年金计划往往与职业福利相联系，依赖于雇主的支持。从年金计划的治理结构来看，早期的企业年金计划多采取自我管理的直接承付方式。计划资产基本来自企业当期收入，与企业资产融为一体，企业承担筹资义务和风险责任，没有法定的缴费要求。计划的参加者实际上将年金基金的治理完全委托给企业内部的治理结构，企业一般通过内部的资金管理和会计部门负责企业年金基金的管理，而像实际操作中精算、法律与投资管理等涉及较强专业领域的工作往往委托给相应的专家或金融机构来完成；如果企业内部的治理结构有完善的董事会、监事会并有效运作，那么年金基金的治理或许也是相对完善的。但是，这种方式下企业内部的治理模式与企业年金本身治理模式的混淆管理，既不利于年金基金的信息披露，而且年金基金往往同企业的自有资产混淆在一起，同时受到企业经营业绩变化的影响，原企业发生的债权债务事宜均会影响年金的运行。

进入20世纪七八十年代后，世界各国对传统养老保障制度的重新审视和反思，加之世界银行多支柱理论的传播，各种企业年金计划得到了各种税收优惠，从而获得了长足的发展。从企业年金治理结构的角度来看，这一时期的企业年金计划多摒弃了早先的直接承付方式，各种金融机构和服务机构开始深度介入企业年金的治理。从世界范围来讲，各国的企业年金的发展呈现如下特点：

首先，年金计划的模式日益多样化，治理主体多元化。从世界范围来看，

---

① 1942年英国贝弗里奇爵士向政府提交了题为《社会保险和相关服务》的报告，这就是著名的贝弗里奇报告。贝弗里奇报告是一个关于全方位福利问题的报告，基本宗旨是消除贫困。它从人们的需要出发，提出相应的对策，从而形成一个完整的福利体系。报告设计了一整套"从摇篮到坟墓"的社会福利制度，提出国家将为每个公民提供9种社会保险待遇，还提供全方位的医疗和康复服务，并根据本人经济状况提供国民救助。

目前企业年金计划在形式上主要有四大类：银行或保险公司的账户、加入人寿保险基金、专业管理公司经营的养老基金、基金会/信托/共同基金（罗伯特·罗查、理查德·汉兹、乔昆·古蒂雷兹，2001）。尤其是在信托模式下，企业内部理事会、银行业、保险业和基金业均可以成为企业年金计划的受托人、投资管理人或账户管理人，同时为数众多的金融中介服务机构也在为企业年金计划提供包括精算、审计等在内的多种咨询服务支持。

其次，年金计划参加人集体谈判能力提高，受益人的利益保障得到加强。在OECD国家，企业年金计划往往建立在集体协商之上，通过这种民主决策的机制，计划参加者在计划建立之初就有了更多的发言权，对于年金计划建立的形式，计划理事会成员的组成以及计划资产的投资策略等一些重大问题有一定的决策权，从而对雇主和受托人在计划中的权利起到了监督和制约作用，使计划参加者和计划受益人的权益得到切实保障。

再次，政府积极地介入企业年金的治理。企业年金是一个特殊金融行业，涉及社会的稳定和千百万退休者及其数亿计家庭的直接利益。进入21世纪以来，许多国家企业年金资产现值与未来负债之间出现了巨大缺口，加之股市震荡，投资风险越来越大；同时英国的麦克威尔事件以及美国的安然破产也促使各国政府更加重视企业年金的治理。一方面，政府积极组织资源对企业年金的治理结构和治理机制进行调研，制定企业年金运营的决策程序和决策机制，引导企业建立完善的治理框架；同时，政府还进一步完善相关法规，直接在法律层面扩大计划参加者的选择权并约束受托人或年金理事会的职权，规定企业年金基金最低偿付能力以及专业基金管理公司的绩效等。

最后，受托模式发生新的变化。企业年金的受托人既可以是年金理事会，也可以是法人受托机构。在理事会受托模式下，由于满足投资管理人条件的机构不多，采用将投资管理人职责外包给其他机构的分拆方式比较多。而在法人受托模式下，情况正好相反，更多的受托人往往提供"一站式"多项服务的捆绑方式，以尽可能降低成本。例如，采用法人受托模式的美国401（k）计划中，约有72%的比例采用捆绑方式，而用分拆方式的仅有28%[①]。

20世纪90年代以来，世界各国在强化公司治理的同时也逐步把注意力转移到对养老金这个特殊实体的治理实践上来。为此，OECD国家在先前发布的《OECD公司治理准则》（*OECD Principles of Corporate Governance*），

---

① 郑秉文：《企业年金受托模式的"空壳化"及其改革方向——关于建立专业养老金管理公司的改革建议》，《劳动保障世界（理论版）》，2009年第11期，第3~12页。

《OECD 国有企业公司治理指引》(OECD Guidelines on Corporate Governance of State-Owned Enterprises) 等文件基础之上，参照这些治理准则与经验，特别针对养老金市场，发布了养老金治理和监管的一系列规范，其中具有代表性的是 2005 年的《OECD 企业年金治理准则》(Guidelines for Pension Fund Governance，下文简称《治理准则》)、《OECD 关于企业年金监管核心准则的建议》(OECD Recommendation on Core Principles of Occupational Pension Regulation，下文简称《监管建议》)和《OECD 保障企业年金成员和受益人权益的指引》(OECD Guidelines for the Protection of Right of Members and Beneficiaries in Occupational Pension Plans，下文简称《保障指引》)。这三个文件适用于所有法律组织形式和类型的企业年金制度，对所有成员国和非成员国企业年金基金治理具有普遍的指导意义。

1.2 基本理论模型

人们通过对过去的公司治理模式进行总结和归纳，提出了三种公司治理理论，即管家理论、委托代理理论和利益相关者理论。目前，委托代理理论占据主流地位，其他两种理论或因假设条件过于理想，或者缺乏成熟的模型，未形成完整的理论体系等原因，在说服力和运用方面尚不及委托代理理论。

1.2.1 管家理论

古典管家理论建立在新古典经济学的厂商理论基础之上，厂商理论的分析框架建立在如下假设基础之上，即：企业具有完全理性，可以准确、及时得到各种生产要素的信息，拥有解决问题的全部知识，追求的目标是利润最大化。这种分析框架实际上遵循无成本信息的隐含假设，企业被简化为在可行的技术条件下任何一组投入所能达到的最高产出的一种关系。从某种意义上讲，厂商理论实际上是在既定企业存在的情况下关于企业生产决策的理论，而企业自身的内部结构则被看作一个"黑箱"，企业的外部关系以及对此作出的各种反应才是研究的重点。

古典管家理论假设经营者是利他的，用无私的信托关系描述公司所有者与经营者之间的关系。该理论认为公司经营者与公司所有者之间没有利益冲突、没有交易成本，认为公司经营者就是公司的善良管家，像善良家父一样勤勉地为公司工作，以便公司获得高额盈利，股东获得良好的投资回报。

既然在新古典经济学中，企业被看作是具有完全理性的经济人，企业处于完全竞争的市场环境中,信息和资本能够自由流动。因此,在此条件下的管家理论认为企业的经营者只是一个按照所有者的命令行事的管家,不存在代理问题,公司治理即公司内部的控制权安排的模式,对于公司的行为并不重要。因为公司的行为在完全竞争的市场条件下,并不决定于公司内部的信息和控制权的安排,而只是被动地接受市场的配置。同时在新古典经济学关于信息完全的假设下,经营者也没有可能违背委托人的意愿去管理企业,企业经营者只能按照股东利益最大化原则行事。由此可以认为,企业治理表现为股东利益至上,以信托为基础的股东与董事会、经营者间的关系。

真实世界的公司所面临的市场,既非一个完全竞争的市场,也不是信息完全充分的市场,甚至就企业本身而言,利润最大化也不是企业唯一追求的目标,企业行为往往表现为对所有者、经营者的经营理念、行为目标和外部条件综合协调的结果。因此,基于新古典经济学厂商理论基础的古典管家理论不能解释现代市场经济条件下公司的治理行为,对于研究现代公司治理也缺乏现实意义,只能是公司治理理论的一个最初的萌芽。

鉴于古典管家理论在解释现代企业治理问题中的局限性,Donaldson(1990)提出了现代管家理论。根据他的观点,委托代理理论对经营者内在机会主义和偷懒的假定是不合适的,而且经营者对自身尊严、信仰以及内在工作满足的追求,会促使他们努力经营公司,成为公司资产的好"管家"(Boyd,1995)。现代管家理论认为激励公司经营者的主要因素是成就、荣誉和责任,而非金钱等物质利益。同时,现代管家理论也认为,在自律约束之下,经营者和其他相关主体之间的利益是一致的。

1.2.2 委托代理理论

信息经济学是20世纪60年代以来经济学的一个重要研究领域,其对新古典经济学的根本性突破表现在放弃对信息完全和无私性的假设。一方面由于人的有限理性,不可能拥有完全的信息;另一方面,信息的分布在个体之间是不对称的。这两方面产生了委托代理理论。可以说,委托代理理论伴随企业所有权和经营权的分离逐步发展起来。在传统的古典企业中,公司的所有权和控制权是合一的,出资者自己直接支配、管理和监督自己的资产,同时直接承担剩余风险,不需要通过一组制度安排来规范公司控制权和剩余索取权。随着企业生产规模和市场交换范围的扩大,企业的所有权和控制权出现了分离,于是出现了权利的分离和相应的权利主体的多元化,即要通过企业治理来解决投资者和经营者之间的利益分配和控制关系问题。最初的企业委托代理关系是从商业企业对制造企业的销售代理开始的,是经济组织之间的委托代理关系,即外部的代理关系。19世纪50—70年代,企业生产技术进一步复杂化,内部分工结构日益阶层化和等级化。同时经理人员很快成为专业的管理人员,管理的科学化推动了企业代理关系的发展,过去利益分享的代理关系演变为对管理层支付薪水的代理关系,对监督结果的代理关系演变为监督事务的代理关系。由此,外部的代理关系逐步演变为内部代理关系,即以内部治理处理外部经济关系的内部化问题。

委托代理理论是过去40多年里契约理论最重要的发展之一。它是20世纪60年代末70年代初,一些经济学家不满Aroow-Debreu体系中的企业"黑箱"理论,而深入研究企业内部信息不对称和激励问题发展起来的,创始人包括Wilson（1969）、Spence和Zeckhauser（1971）、Ross（1973）、Mirrless（1974、1976）、Holmstrom（1979、1982）、Grossman和Hart（1983）等。委托代理理论的中心任务是研究在利益相冲突和信息不对称的环境下,委托人如何设计最优契约激励代理人（Sappington, 1991）。经过40余年的发展,委托代理理论由传统的双边委托代理理论（单一委托人、单一代理人、单一事务的委托代理),发展出多代理人理论（单一委托人、多个代理人、单一事务）、共同代理理论（多委托人、单一代理人、单一事务的委托代理）和多任务代理理论（单一委托人、单一代理人、多项事务的委托代理）。任何理论的建构都有自己的研究范式,都是建立在一些基本的假设前提之上,明确这一点是掌握一个理论的基础。委托代理理论遵循的是以"经济人"假设为核心的新古典经济学研究范式,并以下面两个基本假设为前提。

委托人和代理人之间利益相互冲突。委托代理理论中,委托人和代理人都是经济人,行为目标都是实现自身效用最大化。在委托代理关系中,代理人更多的努力或付出,就可能有更好的结果,而委托人最关心的是结果,代理人却不感兴趣；代理人最关心付出的努力,委托人却没有直接的兴趣。委托人的收益直接取决于代理人的成本（付出的努力）,而代理人的收益就是委托人的成本（支付的报酬）。因而,委托人与代理人相互之间的利益是不一致的,甚至是相互冲突的。由于利益的相互冲突,代理人便可能利用委托人委托的资源决策权谋取自己的利益,即可能产生代理问题。因而,委托人与代理人之间需要建立某种机制（契约）以协调两者之间相互冲突的利益。

委托人和代理人之间信息不对称。委托代理理论还假设委托人与代理人之间信息是不对称的。在委托代理关系中,委托人并不能直接观察到代理人的努力工作程度,即使能够观察到,也不可能被第三方证实；而代理人自己却很清楚付出的努力程度。在这里要区分两种信息不对称，即事前信息不对称和事后信息不对称。前者容易引发逆向选择，后者容易引发道德风险。但委托代理理论认为代理结果是与代理人努力程度直接相关的，且具有可观察性和可证实性。由于委托人无法知道代理人的努力程度，代理人便可能利用自己拥有的信息优势谋取自身效用最大化，从而可能产生代理问题。代理人努力程度的不可观察性或不可证实性意味着代理人的努力程度不能被包含在契约条款中，因为契约即使包含了这一变量，如果出现违约，也没有第三者能知道代理人是否真的违约，从而无法实施。因此，委托人必须设计某种契约或机制，诱使代理人选择适合委托人利益的最优努力程度。

在委托代理关系中，当利益相互冲突而信息对称时，委托人与代理人就能找到最优策略（契约），解决代理问题；当利益没有冲突，即使信息不对称，代理问题也不存在；而当委托人与代理人的利益相互冲突且信息不对称时，代理人的"道德风险"随之而生，从自身利益最大化出发，利用信息优势损害委托人的利益，即产生代理问题。由于信息不对称和委托人代理人利益冲突的普遍性，所以代理人的道德风险屡见不鲜，代理问题普遍。委托代理理论不仅具有理论意义，更具有现实意义。

委托代理理论虽然扩展了不同的代理理论，但这些理论都遵循相同的基本分析逻辑，这就是：委托人为了实现自身效用最大化，将其所拥有（控制）资源的某些决策权授予代理人，并要求代理人提供有利于委托人利益的服务或行为。代理人也是追求自身效用最大化的经济人，在利益不一致和信息不对称的情况下，代理人在行使委托人授予的资源决策权时可能会受到诱惑，把自己的利益置于委托人利益之上，从而损害委托人的利益，即产生代理问题。由于代理问题的存在，委托人就必须建立一套有效的制衡机制（契约）来规范、约束并激励代理人的行为，减少代理问题，降低代理成本，提高代理效率，更好地满足自身利益。基本路径是：委托人设计契约→代理人根据情况选择接受（或拒绝）契约→代理人提供努力→随机因素决定现状态→委托人根据结果进行支付。上述分析是在委托人与代理人建立了委托关系基础上进行的，而要建立委托代理关系还必须具备两个条件：委托人支付给代理人报酬带来的效用要不低于代理人从事其他事务所获得的效用（市场机会成本）。如果低于这一效用，代理人就不会参与该契约，委托代理关系不成立。这一条件构成了委托代理分析的参与约束。这个最低效用叫保留效用。

在信息不对称的情况下，委托人要使契约可以执行，必须考虑代理人自身的利益。委托人由于观察不到代理人努力程度，所以无法将它写入契约，因此，委托人期望的努力程度也必须符合代理人自身的利益，即委托人为实现自身效用最大化而要求的代理人努力程度也要使代理人自身实现效用最大化。这就是激励相容约束条件。因此，委托代理理论基本分析逻辑是：在激励相容约束和参与约束两个条件下寻找委托人设计的最优契约，让代理人的努力程度符合委托人的利益。

委托代理理论经过詹森、梅克林、法马（Jesen、Meckling、Fama）等人的研究，已经逐步发展成熟。这一理论大大改进了人们对所有者、管理层和员工之间内在关系以及更一般的市场交易关系的透彻理解。鉴于委托代理理论已经形成了较为完善和成熟的理论体系，其相应的模型对研究信托型企业年金治理具有重要的参考价值。

1.2.3 利益相关者理论

公司治理理论的最近发展，是将公司治理作为公司各契约方共同参与和形成的制衡体系。利益相关者理论认为，公司实际上是不同的利益主体通过合约形成的连接体，并按照合约形成不同的利益主体所拥有的不同权利。该理论对公司的认识主要体现在以下方面。

1.2.3.1 公司是一个状态依赖的结合体

公司在不同的经营状态下可能隶属于不同的实际控制人，所以，从公司是一个与经营状态相依赖的结合体来说，公司的行为发展与股东、债权人和职工都有密切的利益关系，应当让除股东以外的其他与公司利益相关的主体，即其他利益相关者一起来参与公司的治理。

1.2.3.2 公司的价值形成是多因素促成的

从投入方来看，公司价值的最大化取决于与供应社会和其他合作伙伴之间的稳定关系，从而有利于公司不断降低投入成本，保持投入的稳定性；从需求角度来看，消费者、经销商也是公司价值形成和最优化的重要因素，公司需要与消费者和经销商之间建立可信赖的关系，从而保持其产品的市场占有率和具有竞争力的市场形象。因此，要使公司的决策行为最终能够成为促进公司价值增加的优化行为，必然要求在公司治理框架中有公司的供应商、经营商和消费者的参与。

1.2.3.3 从对公司利益和股东利益的角度理解现代公司

现代公司理论提出了对公司利益的重新认识，认为股东利益最大化还不能完全概括公司行为的新特点。

利益相关者理论反对企业所有权由股东独享，认为公司是一个责任主体，在一定程度上还必须承担社会的责任，公司的价值不仅体现在股东的利益上，而且也体现在公司的社会价值方面。

利益相关者理论主张企业所有权由利益相关者共同分享，企业应为利益相关者服务和由利益相关者共同治理。其中，利益相关者是指所有影响企业活动或被企业活动影响的人或团体。查克汉姆（Charkham，1992）按照相关利益群体与企业是否存在交易性合同关系，将利益相关者分为契约型利益相关者和公众型利益相关者。克拉克逊（Clarkson，1995）根据与企业联系的紧密程度，将利益相关者分为主要利益相关者和次要利益相关者。威勒（Wheeler，1998）根据社会纬度的紧密型差别，将利益相关者分为四种，分别是一级和二级社会利益相关者以及一级和二级非社会利益相关者。卡罗（Carroll，1996）提出了两种分类方法：第一种是根据利益相关这与公司关系的正式性，区分为直接和间接利益相关者。第二种是将利益相关者分为核心利益相关者、战略利益相关者和环境利益相关者。米切尔（Mitchell，1997）将利益相关者分为三类：确定型利益相关者、预期型利益相关者和潜在利益相关者。

利益相关者问题越来越成为世界各国公司治理中关注的焦点，无论是OECD的公司治理原则还是其他主要国家和区域组织等的公司治理框架，都充分重视利益相关者的地位，为其利益保护和参与治理提供了制度基础。目前利益相关者理论还缺乏对利益相关者参与基础的系统理论研究，如何实现利益相关者的参与也没有深入探讨，还不能更有效地解释公司治理实践。但是，利益相关者理论深刻认识到企业作为社会存在的本质，更能够在一个日益多元化的社会寻求一种普遍的利益均衡。对于研究企业年金治理，利益相关者理论促使企业年金基金在制定投资策略时候，在有利于受益人的前提下考虑社会和道德等非经济因素。这对于平衡企业年金计划所有利益相关者利益，更好地保护年金计划参与人和受益人的利益有一定的借鉴意义[①]。

---

① 关于企业年金基金社会投资问题上，美国税务署的观点有一定代表性。该署认为企业年金基金投资应遵循受益人专一利益原则，但不排除一些其他人的平行利益，只要该投资主要是有利于受益人的。考虑其他人利益时，必须满足四个前提：购买时不超过公平的市场价格，必须有不低于正常预期的收益率，在计划期间必须保持足够的流动性，满足审慎人规则要求的安全和多样性。

1.3 企业年金委托代理风险的一般模型及其基本结论

委托代理理论中的委托代理关系是指某人或某些人（委托人）委托其他人（代理人）根据委托人利益从事某些活动，并相应授予代理人某些决策权的契约关系。委托人和代理人的权利和义务均在双方认可的契约中加以说明。在这一契约中，能主动设计契约形式的当事人称为委托人，而被动接受契约形式的当事人称为代理人。签约之前的信息不对称引发逆向选择，委托人和代理人的私人信息是对方不能观察到的，因此在选择合作方的过程中，为了使签约后风险最小，双方都按照非理想化的假设降低对方所表现出的已有条件。签约后的信息不对称引发道德风险，由于合作协议建立在委托人和代理人相互信任的基础之上，为了防止委托人的利益受到损害，需要委托人设计激励约束机制进行预防，使代理人明白不采取隐藏行动违反协议规定才是最优的选择，从而防止双方都遭受损失。

1.3.1 信托型企业年金计划委托代理关系的表现形式

在信托型企业年金计划中存在着多层代理关系，其根源在于信息不对称下企业年金中的投资管理、账户管理、基金托管等职责往往归于不同的主体，不同主体间的目标效用函数不一致。企业年金是由企业和雇员出资建立的，企业年金资金的所有者是企业和雇员。企业将年金基金资产委托给企业年金受托人管理，形成一个区别于委托人、受托人和受益人其他财产的独立财产实体，从而实现企业年金基金的独立性和稳定性。这个受托人负责企业年金基金管理运营的最终责任，就是企业年金计划的治理主体。严格地讲，委托人、受托人和受益人三方关系的形成是依据信托法而成立的信托关系。但是，信托和委托代理很类似，都是以当事人之间的信赖关系为基础而成立，都面临信息不对称条件下不同主体目标效用函数不一致的问题，因此不妨碍用经济学意义上的委托代理理论来分析。故此，从经济学意义上讲，我们称其为第一层委托代理关系。根据治理主体的类型不同，年金计划一般可以分为理事会受托和法人受托两种形式。企业年金理事会和法人受托机构作为企业年金基金财产的受托人，具备管理和处分企业年金基金财产的全部权利，但是这并不意味着企业年金基金受托人具备管理和处分企业年金基金财产的资格和能力。企业年金基金受托人在不具备法律法规规定的资格和行为能力的前提下，必须将企业年金基金的账户管理、托管和投资管理职能"外包"，即委托给具备法律行为能力的第三方机构，受托人可将投资管理、账户管理、基金托管全部再行委托给专门的金融机构，也可采用部分委托的形式，由此形成第二层委托代理关系。通过这层委托代理，治理主体将企业年金运营的程序和责任加以分解，使自己事实上成为某些业务的委托人，这种情况下代理问题进一步加重，例如，基金管理人可能提供众多让人难以分析和理解的投资品，度量和评价投资绩效更加困难。当然，治理主体也可以将某些业务自己承担，减少委托代理关系的范围。此外，还有一个潜在的委托代理问题，建立企业年金计划之后，计划发起人就成为所有雇员或受益人的代理人，而计划发起人往往是雇主或公司，这样雇主和雇员或受益人之间存在潜在冲突的可能。尽管信托型企业年金计划委托代理关系复杂，但比较而言，最为重要的就是计划发起人和受益人同计划治理主体之间的委托代理。通过这层代理关系，基金会型和信托型计划实现了养老基金所有权和受益权的分离。其次是计划治理主体同投资管理人、基金托管人以及审计、精算等其他中介机构的委托代理。为此，我们进行一般性的分析，考察最重要的委托代理关系，代理人的假设可以适用于计划治理主体，委托人为计划发起人和受益人。

1.3.2 一般模型及其基本结论

标准的委托代理理论建立在两个基本假设上：一是委托人对随机产出没有直接贡献（即在一个参数化模型中，对产出的分布函数不起作用）。二是代理人的行为不易直接被委托人观察到。具体到企业年金计划中，代理人的假设可以适用到计划治理主体（受托人）以及投资管理人、基金托管人以及审计、精算等其他中介机构。委托人则为计划发起人和受益人。

1.3.2.1 不对称信息下的道德风险[①]

在委托人和代理人的博弈中，委托人不能直接观测到代理人采取了什么行动，只能观测到一些变量。这些变量由代理人的行动和其他外生随机因素共同决定，是代理人行动的不完全信息。委托人的问题是如何根据这些可观测到的信息来奖惩代理人，以激励其选择对委托人有利的行动。

在信息不对称的条件下，监督的成本很高，为了满足激励相容原则，就必须使代理人承担过多的风险，而满足最优风险分担的契约会伤害代理人的积极

---

① 关于本节有关模型和公式的具体推导参见王国顺：《企业理论：契约理论》，中国经济出版社，2005年，第62~65页。

性。这是信息不对称带来的两难境地。此时，委托人只能通过激励合同来诱使代理人选择委托人希望的努力程度。

20 世纪 80 年代以来，Fama（1980）、Radner（1981）、Holmstorm（1982）和 Rubbinstein（1982）等人将动态博弈理论引入委托代理关系的研究中，探讨了在多次重复代理关系情况下，非对称信息条件下的委托代理问题。其结论主要有两点：第一是在多次重复博弈的情况下可以部分消除信息不对称的影响。第二是声誉效应的存在无需对代理人进行激励。在完全竞争的代理人市场上，代理人的市场价值决定于其过去的业绩，从长期来看，代理人必须对自己的行为负完全责任，因此，即使没有显性激励的机制，代理人也会积极努力工作，只有这样，才能改善自己在代理人市场上的声誉，从而提高未来的收入。

综合上述分析，我们可以得出以下几点基本结论：

结论1：不对称信息条件下，资源配置无法达到最优。对风险规避的代理人实施激励是必要的，在委托人效用最大化的同时，必须满足代理人的参与约束和激励相容约束。支付给代理人的报酬与其努力程度相关性越小，代理人发生道德风险的可能性就越大。

结论2：不对称信息条件下资源配置的扭曲主要是有价值的信息在委托代理双方的分布不对称，其中一方拥有信息优势。因此，降低代理人的道德风险，提高其工作努力程度的关键在于搜寻更多代理人的信息。因此，制度性的信息披露、社会舆论和独立董事的监督、中介组织畅通的信息传递渠道等可以改善企业年金计划治理中的信息不对称，从而降低计划治理主体的道德风险行为。

结论3：完善的代理人市场有助于减少代理人道德风险行为的可能。在长期动态博弈的过程中，信誉机制的存在可以提供隐形的激励督促年金计划的治理主体、投资管理人、基金托管人以及审计、精算等其他中介机构提高努力程度，保障基金的安全和增值。

1.3.2.2 不对称信息下的逆向选择

逆向选择发生在合约签订之前的信息不对称情况下，之后代理人和委托人的信息是对称的，即委托人并不知道每个代理人的主观成本函数，但是又假定委托人有某些信息，如存在哪几种主观成本函数、成本函数在代理人之间是怎样分布的。但委托人不知道某个代理人具体是哪种类型，代理人在合约签订之前知道自己的成本函数。在道德风险的情况下，激励机制由某些风险分担构成,而在逆向选择的情况下,激励机制是用来确保诚信是代理人的最佳选择。为了避免复杂的推导过程,这里仅论述基本结论①。当代理人是风险中性时,其事前的参与约束为期望信息租金不为负。最优的激励相容合约可以实施帕雷托最优的配置。它相当于委托人将合作关系带来的收益转让给了风险中性的代理人,此时代理人将获取从交易中获得的全部剩余,同时承担所有的风险。当代理人为风险时,委托人不可能毫无代价地通过重新分配代理人的信息租金来确保满足高效率类型代理人的激励相容约束。委托人通过调整代理人的信息租金使代理人承担某些风险,为了确保代理人的参与,委托人必须支付风险溢金。为了减少风险溢金,委托人必须按照低效率的产出水平出价,从而降低激励强度。

解决逆向选择的方法主要有信号传递机制、信息甄别机制和信誉机制。信号传递机制中,代理人为了显示自己的类型,选择某种信号,使自己的类型能被委托人识别,委托人在观测到代理人的信号之后与代理人签订合同。信息甄别中,代理人知道自己的类型,而委托人不知道代理人的类型,委托人提供多个合同供代理人选择,代理人依据自己的类型来选择最适合自己的合同,并据此行动。信誉机制在前文已经述及,信誉的出现应为人们谋求长远利益而愿意牺牲眼前利益的结果。它是解决信息不对称问题的一个有效办法,在市场中,信誉和品牌的建立意味着欺骗将受到惩罚。此外,除了以上讲的市场手段之外,还有一种措施是政府管制和法制。政府管制有助于那些高度信息不对称的商品的生产和销售。同时,有助于识别交易主体身份、提高博弈的重复性、传递交易者行为信息和对欺骗行为实施有效惩罚的政府管制,还有助于市场信誉机制的建立②。综合以上分析,我们可以得出如下结论:

结论1:不对称信息导致逆向选择从而使得帕累托最优的交易不能实现,如果企业年金计划的发起人和受益人对不同计划治理主体、投资管理人、基金托管人以及审计、精算等其他中介机构的管理能力无法辨别,往往就会选择收取管理费率较低的代理人或者干脆不选择,但如果代理人通过宣传以往业绩、管理团队实力等方法向投资者揭示其管理能力,则帕累托效率改进就可以出现。

结论2:企业年金计划的发起人和受益人在选择代理人时,可以通过设计多种合同版本来甄别治理主体、投资管理人、基金托管人以及审计、精算等其

---

① 王国顺:《企业理论:契约理论》,中国经济出版社,2005年,第59页。
② 张维迎:《产权、激励与公司治理》,经济科学出版社,2005年,第238~239页。

他中介机构的信息,选择最优的代理人。

结论3:企业年金计划有关代理人市场的完善和相应信誉的建立有助于解决信息不对称造成的代理问题,政府的管制和法制在一定程度上可以弥补信誉缺失的问题,有助于企业年金市场的发展。

2 信托型企业年金计划中的委托代理风险及其非理性行为分析

2.1 影响信托型企业年金计划委托代理风险的因素

委托代理风险的产生主要是由于委托人和受托人利益不一致以及信息不对称造成的。信托型企业年金计划的运营涉及多方当事人和多方监管机构，委托代理关系广泛存在于计划的各个环节。由于信托型计划的类型存在差异，其委托代理风险的严重程度也不同。

2.1.1 信托型企业年金计划的受托方式

信托型企业年金的受托方式可以是理事会受托，也可以是法人金融机构受托。在理事会受托模式下，由于企业内部能够满足投资管理人条件的机构不多，年金计划的投资管理和基金托管往往分别委托给不同的金融机构。在法人受托模式下，有两种运作方式：一种是受托人将账户管理、投资管理和基金托管分给其他机构的分拆模式；另一种是受托人将除基金托管之外的其他两个管理角色基于一身，为计划运营提供"一站式"服务的捆绑模式。比较受托方式的不同可以看出，理事会受托模式和法人分拆受托模式比法人捆绑受托模式所涉及的层次关系要多。相比于一般的资产管理或者基金管理业务，受托资产直接由管理人和托管人投入运作，关系链较短。信托型企业年金计划，尤其是理事会受托模式和法人分拆受托模式下从计划发起企业需要通过受托人、中介机构、实际管理机构等多层关系才能到达受益人，由此关系链引申出来的委托代理风险控制链条也会较之一般的资产管理或基金管理业务的风险控制链显得更长。

2.1.2 信托型企业年金计划的筹资模式

企业年金计划按照筹资模式可以分为受益既定和缴费既定两种，即通常所说的 DB 和 DC 计划。

在 DC 计划中，一般受益人承担投资责任，拥有年金基金的剩余索取权，受益人的缴费是确定的，而未来受益的大小却由个人承担，因此雇主唯一的责任就是缴纳自己应当负担的费用，很可能不大关心提高基金管理的绩效。但是雇主企业的高层管理人员往往也会参加计划，而且个人也会关注计划是否管理良好。同时，雇主企业提高计划管理的绩效是在劳动力市场上吸引人才的重要手段。因此，一般来说，在 DC 计划中，计划受益人和雇主企业的利益是一致的，二者之间的潜在委托代理风险并不大。

在 DB 计划中，发起成立企业年金计划的雇主企业通常提供待遇担保，承担基金投资的责任，享有对计划基金的剩余索取权。尽管雇主存在关心计划的绩效以减少雇主缴费的动机，但是这种动机的由来更多的是基于减少成本的考虑。这种情况下，一旦企业面临流动性或偿付能力问题，企业和受益人之间的潜在代理风险就会突出，企业有动机挪用或从计划基金借款。当信托型计划治理主体是理事会等内部受托人时，由于企业和受托理事会之间的联系非常紧密，产生委托人缺位或者越位的风险也会增大。

2.1.3 信托型企业年金计划发起企业的数量

在单一雇主计划中，雇主作为计划缴费人，会和雇员一道监督和关注治理主体或其他受托人的经营活动。但是在多雇主计划中，来自不同企业的雇主由于存在经济学中"搭便车"的心理，缺乏监督的责任感和关注程度，从而为受托人侵害受益人的利益留下了空间。

2.1.4 信托型企业年金计划参加员工的范围

在只允许特定人员参加的封闭式信托型企业年金计划中，委托代理风险更多地表现为对计划基金的挪用和自我投资等方面。在不限制计划参加范围的开放式企业年金计划中，除了会出现封闭式年金计划的委托代理风险外，在计划的分销和营销中会产生额外的利益冲突。例如，销售人员的薪酬结构会激励他们采取蒙蔽手段或欺诈说服个人加入计划，尽管这样做可能不符合受益人利益最大化的原则。

2.1.5 监管体系的效率和水平

信托型企业年金计划运作涉及众多的金融机构，也需要多方监管机构参与企业年金运作的监管。参与企业年金运作的各个主体分属于不同部门监管范围，因而面临的监管主体也不尽相同。各个监管部门相互配合，共同构建多层性、有效率的监管体系的构架，可以有效减少信息不对称的程度，降低委托代理关系造成的利益冲突。反之，监管效率低下，不同监管部门各管一段的情况下，委托代理风险就会更加突出。

尽管企业年金治理结构中由于委托代理关系的广泛存在而有可能损害受益人的利益，减少计划基金的绩效，但是罗伯特·罗查等人认为不应当夸大这一问题的严重程度。因为，如果确实是一个严重问题的话，迟早要从主要的绩效指标，即成本和收益中反映出来。他举例说1984—1996年，英国、美国和荷兰这些国家的信托型企业年金计划的平均收益一直高于或等于同期智利的养老金管理公司的计划。然而丹尼斯·罗格等人认为，在最初，委托代理问题可能仅仅导致较差的投资绩效，但也有可能导致类似美国加州橘郡损失16.9亿美元后宣布破产的大灾难。因此，治理机构中的委托代理问题如果不能很好地解决，一旦出事将是灾难性的。企业年金计划中最为重要的委托代理关系就是如何控制受托人和投资管理人，因此，对计划委托代理风险的研究也主要是围绕受托人和投资管理人展开。

2.2 信托型企业年金计划中的委托代理风险

信托型企业年金计划中的委托代理风险可以分为道德风险和逆向选择。其中道德风险主要产生在企业年金计划管理机构（主要是受托人或投资管理人）对计划基金投资运营决策过程中。由于企业年金计划受托人、账户管理人、托管人和投资管理人追求的目标是自身利益的最大化，这一目标与受益人工追求企业年金账户资金最大化的目标存在利益冲突的可能。利益冲突成为计划委托道德风险产生的根本原因，道德风险也以可能引发利益冲突的各种关联交易方式表现出来，并侵蚀受益人的利益。

2.2.1 信托型企业年金计划的利益冲突

在企业年金计划复杂的双重委托代理关系下，计划受托人及其有关业务代理方的道德风险始终是计划治理中的一个核心问题，具体体现为各种关联交易,这些关联交易可能因为治理主体的类型不同有所差异,并引发利益冲突。

2.2.1.1 信托型企业年金计划关联交易和关联人士的含义

广义的关联交易又称为关联方交易或关联人士交易,指具有关联方关系的各方之间的交易[1]。关联交易一般具有如下特征:交易的对方是企业的关联方;交易通常是在具有决策权人的控制、许可或影响下进行的;交易是在市场行为方式下进行的,但交易结果不一定是公平的。对企业年金而言,关联交易则是指在运营机构(主要是受托人和投资管理人)与关联人士之间的市场交易。其中关联人士是与计划运营机构存在控制因素和重大影响的法人或自然人。

一般来讲,信托型企业年金计划关联人士的确定可以采用列举、概括或二者兼有的方式。如美国《雇员退休收入保障法》列举了企业年金计划关联人士:雇员退休金计划的雇员或顾问及该计划的所有受信人(包括计划的行政管理员、职员、受托人和托管人)或是这些人的亲戚;任何为该退休金计划提供服务的个人或机构以及这些个人的亲戚;资助该退休金计划的雇主,如果该雇主是个人的话,还包括该雇主的亲戚;其成员是该计划参加者的任何雇主组织;任何拥有以上雇主或雇员组织50%以上的股份或经济利益的股东或拥有者;任何拥有以上机构50%以上的股份利益的公司、个人合伙信托;雇员退休金计划的官员或董事会雇员以及在上述所罗列机构的雇员、职员或董事;拥有上述机构或公司10%股份以上的股东;拥有上述机构或公司10%以上股份的合伙人或合资者[2]。

英国采用抽象概括方式将关联人士定义为:由于本人或其关联人士具有业务关系或家庭关系,从而有理由认为,存在着与第三人交易时产生利益冲突的利益共同体[3]。

2.2.1.2 信托型企业年金计划中关联交易所引发的利益冲突

关联交易本身是中性概念,并不一定所有的关联交易都会引发委托代理关系下当事人的利益冲突,一些关联交易还具有提高效率的优势,应当规避的是可能引发利益冲突的非公允关联交易。

---

[1] 徐向艺:《公司治理制度安排与组织设计》,经济科学出版社,2006年,第339页。
[2] 林羿:《美国的私有退休金体制》,北京大学出版社,2003年,第255~256。
[3] 高战胜:《企业年金法律制度研究》,中国政法大学,2005年。

目前对关联交易的研究重点都是基于上市公司和金融机构，特别是对证券投资基金关联交易有大量的研究，专门研究企业年金利益冲突交易的文献非常少。James M. Storey、Thomas M. Clyde（1998）对于美国市场的共同基金性质按照基金管理人及其利害关系人在交易中所处的地位不同，将利益冲突交易分为：本人交易（principal transaction），基金管理人或其关联人士与基金互为交易的对方，前者以本人身份出现；共同交易（joint transaction），基金管理人在交易中以本人出现，但是与基金同为交易的一方与第三方进行交易；代理交易（agency transaction），基金管理人以基金代理人的身份参与交易。

这种分类不仅利于判断利益冲突交易的发生，也容易分析交易给利益相关各方带来的影响。鉴于企业年金计划在基金运作尤其是投资的基本原理方面和共同基金并无本质区别，我们这里也采用上述分类，具体将企业年金计划的利益冲突交易划分为本人交易、共同交易、代理交易和自我投资四类。

1. 本人交易

本人交易是最为典型的利益冲突交易。年金受托人或投资管理人及其关联人士以本人身份出现与年金基金互为交易的双方，主要表现为如下形式：①与受托人或投资管理人存在关联关系的经纪——交易商和计划基金之间的交易。一般情况下，受托人或投资管理人与存在关联关系的经纪——交易商往往是统一金融集团下的子公司。控股关系或角色重合，一个机构或者金融集团在同时申请开展多项业务，出于共同利益或情感考虑，而极易产生损害年金资产的非公允关联交易。②同一受托人或投资管理人管理的两个企业年金计划基金之间的交易。③受托人或投资管理人的关联交易商与计划基金之间的无风险本人交易，交易商在执行这种本人交易的同时，与第三方进行匹配的反方向交易，这样不但可以赚取佣金，还可以得到两笔交易的市场差价。由于利益冲突、信息不对称和感情方面的因素，使得本人交易具有先天的不对等性。

2. 共同交易

企业年金计划的共同交易中，受托人或投资管理人以本人身份参与交易，但是同本人交易不同的是：本人交易中受托人或投资管理人于年金计划分别为交易的对方，而在共同交易中则处于同一方，共同与第三方进行交易。最常见的共同交易方式是同一受托人或投资管理人管理两个企业年金计划基金，同时购买或卖出同一证券。如果两个计划的基金投资标准均要求购买或卖出同一股票，受托人或投资管理人必须决定如何将不同成本的股票在两个计划之间进行分配。受托人或投资管理人可能在交易中"偏袒"某个计划，处于某种营销策略的考虑，通过股票分配达到提升某个计划基金业绩的目的。

3. 代理交易

代理交易中，企业年金计划是交易的一方，受托人或投资管理人及其关联人士以计划基金代理人身份参与。受托人或投资管理人直接作为计划的代理人或者为计划选择账户管理人、投资管理人、基金托管人等，其他服务机构都不能利用职务之便为自己牟取私利。一般来说，受托人或投资管理人在企业年金计划代理交易中一般涉及三种情况。

（1）作为一般代理人：主要表现为受托人或投资管理人为追求较高的投资业绩而采取冒险投资行为；动用企业年金基金为其控股公司在新股承销、配股过程中输送利益；企业年金基金投资管理人为介入利益相关公司的治理而大量购买该公司的股票；企业年金基金管理机构为从关联公司那获得好处，而动用企业年金基金为关联公司提供信用担保或直接为其提供贷款等。

（2）作为经纪人：主要表现为受托人在选择投资管理人、账户管理人或者托管人时具有一定的关联关系，明显有失公允地选择相应的运营机构，通过过高的佣金或不必要的频繁交易增加利益相关者的收入，从而给企业年金资产带来潜在风险；运营机构在选择中介服务时存在关联关系，在提供服务时处于明显有失公允或者与运营机构共同侵害企业年金资产等。此外还有一种特殊形式的利益冲突，即软美元的安排。在选择投资管理人时，受托人可以用佣金购买投资管理人额外提供的研究成果，并可能将其运用到其他基金投资业务中，而不必自己花费研究经费，由此会产生获取研究服务的自我需要与计划受益人利益的冲突。

（3）作为承销商：主要表现为受托人或投资管理人为了吸引更多企业将企业年金基金交给其管理，而掩盖企业年金基金的亏损情况或虚报盈利情况；为了获得更多的管理费而虚报企业年金计划委托人的账户金额；为了应付检查，在信息披露和年报中造假，欺骗企业年金计划委托人和监管机构；在开放式计划中采取蒙蔽手段或欺诈说服个人加入计划。

4. 自我投资

企业年金基金的自我投资，包括向本企业贷款和购买本企业或关联企业发行的股票。如果将企业年金基金全部或大部分投于本企业，则养老基金无法同雇主实现分离，它与现收现付式养老保险制度没有本质的区别。自我投资的风险非常巨大，如果年金计划举办企业经营困难，甚至破产，企业的股票价值随之大打折扣，供给企业的款项或者购买的企业债券也得不到偿还，这样支持企业年金债务的资产会在企业无力继续企业年金计划的同时迅速减少。美国安然公司养老金计划的破产，很重要的一个原因就是忽视了对自我投资的限制，在安然养老金计划的21亿美元资产中，安然股票占了58%，而多数雇员都有很长的禁售期，在股票崩盘时无法出手，导致了巨大损失。

2.2.1.3 信托型企业年金计划利益冲突治理

从国外对信托型企业年金计划利益冲突的治理实践来看，最直接的方法主要是强化受托人的信赖义务，在法律层面明确规定了可能引发利益冲突的禁止交易的内容及其豁免条件。

对于本人交易的治理，国外一般从两个方面进行规制：一方面，原则性地、一般性禁止本人交易。另一方面，对于某些本质上并不构成利益冲突的本人交易给予受托人或投资管理人及其利益相关人士交易豁免待遇。美国《雇员退休收入保障法》第406（b）节中规定：禁止受托人利用计划的资产或收入为自己牟利；禁止通过利用计划的资产或收入，接受该计划资产的第三者的回扣；禁止在退休金计划的商业交易中，既代表计划又代表交易的另一方。同时，该法案第406（a）（1）（A）节至406（a）（1）（D）节规定禁止企业年金计划同利益相关者之间进行任何财产的交换、买卖或租借；借款或发放信用或贷款；相互提供服务、提供商品或任何设施；禁止利益相关者利用计划资产或收入为自己谋求任何利益①。但是，如果禁止交易行为满足"管理可行、为了计划参加者和受益人利益、保护计划参加者和受益人利益"三个条件，并经过劳工部批准，美国《雇员退休收入保障法》对禁止本人交易进行豁免②。

美国证券交易委员会（SEC）广泛禁止共同交易行为。但是，如果共同交易符合各个基金公平参与的条件，SEC也予以豁免。此外，在交易技术上通行的做法是捆绑指令，当投资管理人在同一时间为不同基金账户买入或卖出同一证券时，一般将这些指令集中起来作为一个指令来执行。SEC默许了这种行业惯例的做法，但是加了一些限制条件③。

治理代理交易的主要方法是在立法中一般性规定受托人或投资管理人在代

---

① 林羿：《美国的私人退休金体制》，北京大学出版社，2002年，第255页。
② 高战胜：《企业年金法律制度研究》，中国政法大学，2005年。
③ 这些条件包括：（1）捆绑交易政策必须在投资顾问的ADV表格中予以披露，并得到董事会批准；（2）在基金账户之间不得厚此薄彼，每个参加捆绑指令的基金账户必须以该种证券在该交易日所有交易的平均价格成交；（3）进入捆绑指令前，投资顾问必须编制关于指令如何在不同账户间分配的书面说明；（4）如果指令只有部分成效，那么成效量必须根据分配说明按比例进行分配。

理计划基金进行交易的过程中不得收取除正常管理费之外的任何好处，佣金不得超过通常和惯例。对于软美元的效率问题则有不同的争论。D. Bruce Johnsen 通过研究与软美元安排有关的代理成本，认为这种安排为基金管理人与经纪商提供了一种激励工具，促使二者相互调整以减少成本，因此不必加强对软美元监管。但是 Edward S. Oneal 的实证研究发现软美元交易在增加交易佣金的同时增加了基金惯例费，没有减少基金投资者的总费用负担[①]。对此，国际证监会关于投资者保护说明书（1997—2000 年）要求监管当局确认软美元协议包含的服务有利于投资计划，并已经对投资者披露，实施的交易符合最佳执行标准。

对于自我投资的治理通常是限制自我投资的比重。如，大多数 OECD 国家规定，企业年金基金投资与发起企业和投资管理人的关联公司的比例不得超过基金资产的 10%。英国麦克威尔挪用养老基金事件加剧了人们对自我投资风险的担心，该国《1995 年养老金法案》规定自我投资不得超过养老金资产的 5%。

此外，在信托模式中的受托人如果提供除了资金托管之外包括账户管理、投资管理在内的一揽子服务时，发生利益冲突的可能性就非常大，因此美国《雇员退休收入保障法》中规定，除非满足法定豁免条件，计划受托人一般不能够为企业年金提供综合性或全方位的服务，因为提供这种综合性服务本身就存在潜在冲突的问题。

需要说明的是，除了上述解决利益冲突的方法之外，第 1 章中关于解决委托代理风险的一般性结论也适用于解决年金计划的利益冲突，本书在后边章节有详细论述，在此不展开分析。

2.2.2 信托型企业年金计划的逆向选择及其治理

逆向选择问题最早是阿克尔洛夫通过旧车市场模型提出的。在旧车市场上，卖方往往比买方更清楚车子的质量。假如买方无法通过其他办法检查旧车的质量，那么市场的运行就会出现问题。这一简单模型揭示了在信息不对称的情况下，市场的运行可能是无效率的，这种"市场失灵"具有"不利选择"或"逆向选择"的特征，即市场上只剩下次品。

信息不对称产生的逆向选择问题在企业年金计划中表现为两种形式。第一是计划的受益人和企业在选择机构受托人时，无法判别其真实的治理能力和管

---

① 石长江：《证券投资基金治理及基金投资者利益保护问题研究》，复旦大学，2005 年。

理水平。计划受托人在将计划的账户管理、投资管理和资金托管业务外包给相应专业机构时，也不能有效判断账户管理人、投资管理人和资金托管人的真实资金运作能力和管理能力。第二是如果给予不同能力的受托人、账户管理人、投资管理人和资金托管人同样的报酬机制，则能力高者通过模仿能力低者获得保留效应或信息租金；而当为了使能力高者参与给予其更多效应时，这又会使能力低者有足够的积极性模仿高能力者。

迈克尔·史宾斯首先提出可以通过市场发出传递产品质量信息的信号来解决逆向选择问题。在信息经济学中，拥有信息优势的一方首先提供市场信号称为信息传递模型，处于信息劣势的一方首先给出区分不同类型的信号称为信息筛选模型。在企业年金计划中，受托人、投资管理、账户管理人和资金托管人通常向公众公布自己以往的业绩和成效来昭示自己的能力。但是值得注意的是，以往的优良业绩并不能有效保障将来的投资绩效，这一点对于投资管理人的选择尤其重要。同时，通过广告宣传过度宣扬自己的历史业绩有可能会误导委托人。此外，由于企业年金计划专业性比较强，受益人和委托人也不可能通过设计各种合同来达到有效甄别受托对象的目的。因此，根据上一章得出的结论，在现实生活中，依靠政府建立企业年金市场的准入制度和独立机构的评估是有效减少逆向选择的手段。此外，通过不断完善受托人和代理人市场，通过竞争机制的引入建立相关的声誉机制并培育起市场淘汰机制也有助于计划委托人和受益人有效甄别受托人、账户管理人、投资管理人和资金托管人的能力。在资本市场不发达、法制基础薄弱的国家建立和完善企业年金计划，解决逆向选择的最有效办法就是加强政府的监控和管理。在受托人和代理人市场没有建立起来之前，政府强制性的市场准入和退出机制是十分必要的。

2.3 信托型企业年金治理中的非理性行为

委托代理理论中假设前提是委托人和代理人都是经济人，行为目标都是为了实现自身效用最大化。但是在现实生活中，人们的理性受到自己生理和心理能力的限制，理性的有限性导致了在认识与判断上出现系统性偏差，而在不确定条件下的决策也因此违背最优化原则。表现在企业年金治理中，计划参加人和受益者以及计划受托人、投资管理人等的非理性行为会对企业年金计划的治理产生一定的影响，甚至偏离计划治理的目标。

2.3.1 从行为金融学理论来看企业年金计划中的非理性行为——一个新的视角

行为金融学试图将心理学特别是认知心理学同金融经济学结合起来，从微观个体行为以及产生这种行为的更深层次的心理、社会等动因来研究人们在金融市场中面对不确定性与风险时是如何决策的。自20世纪70年代末起，行为金融以一种源自心理（经济）学分析基础之上的、将人的实际心理及其由此决定的行为特征纳入分析框架的金融学说而逐步兴起，对现代金融理论难以解决的异常现象做出了解释。行为金融学有两个主要理论支柱：套利的有限性和人类理性的有限性。传统经济金融理论认为，套利保证统一价格法则实现于市场的效率，但行为金融学认为，套利受到多方面的限制。由于套利的这种有限性，市场不可能完全消除"免费的午餐"，因此完全效率市场不可能实现。同时，传统经济金融学继承了一个传统的假设，即经济人完全理性，其具有无限的认知和判断能力。心理学研究证明，人类的心智、生理受到各方面的约束，因此人类的理性是有限的。行为金融学认为，在不确定环境下，人类理性的有限性会导致其决策出现偏差。

行为金融的产生是人们对不确定性决策研究深入的结果，因此对不确定性的研究将推动行为金融的发展。我国企业年金市场的不成熟以及以计划委托人身份出现的为数众多的计划参加者和受益人使得市场更多地表现出非理性的一面。认识到这一点，将启发我们在研究企业年金治理问题时，能够更深刻地理解引起企业年金治理中非理性行为的群体心理，从行为金融理论出发，在治理结构和治理机制方面进一步完善对风险的防范和控制。

2.3.2 信托型企业年金治理中非理性行为的分析

信托型企业年金治理中非理性行为主要集中在年金计划基金的投资管理阶段。非理性行为的主体既有计划的受托人和投资管理人，也有计划的参加者和受益人。

2.3.2.1 社会投资

所谓社会投资，就是受托人或投资管理人在作投资决策时，不是以提高受益人的经济利益为目标，而是投资于政府经济或社会发展目标要求的社会属性的领域，主要是个人住房和教育贷款以及抵押贷款和基础设施建设等领域。社会投资的结果一方面可能使得政府权力操纵企业年金基金投资，基金又被政府财政挤占挪用；另一方面也带来更高的投资成本，造成计划基金收益率低下。在这方面，瑞典养老基金有着惨痛的教训。20世纪六七十年代，瑞典政府为改善居民住房，将养老基金作为便利的长期融资来源，瑞典中央银行有效地促使养老基金购买低息住房债券。结果，养老基金管理者尽管有限考虑的目标和中央银行不一致，但在争执中处于下风，只能迎合政府住房政策目标，造成收益率低下。美国Roberta Romano（1993）的一项研究结果表明，1985—1989年由于公共部门的干预而导致的企业年金损失中，投资收入的损失大约有150亿美元，用于政治目的投资引起的损失为56亿美元，限制对南非投资导致的损失为76亿美元，总计大约282亿美元。从行为金融学的角度来看，年金基金社会投资的原因来自计划受托人或投资管理人对政府权威的服从。虽然世界各国对于企业年金计划的管理有别于公共养老金，对后者的直接管理和控制程度都远远超过前者，一般也都没有强制要求企业年金进行社会投资，但是处于对政府权威的敬畏和害怕受到政府的惩罚，企业年金计划社会投资还是发生了。目前，世界各国对于企业年金社会投资的治理主要采取两种途径。一是最大限度减少政府权力对企业年金计划投资的干涉，真正实现企业年金的市场化运作，避免因政治压力造成投资决策失误，侵害受益人利益。二是采取变通方式，由受益人决定是否同意在投资时考虑社会因素并载入信托文件。如，英国法律规定，受托人必须拟定投资原则声明，其中应该包括在制定投资决策时考虑道德的、社会和其他因素的程度[①]。

2.3.2.2 风险分散不足

随着资本市场的发展和DC计划的流行，越来越多的个人账户管理的信托型企业年金计划赋予了受益人投资选择权。但是在从国外信托型企业年金计划中受益人的实际投资选择来看，受益人不能将个人账户中的基金较好地按照风险分散化的要求进行投资。其主要体现在投资决策过程中要么风险资产比重过大，要么无风险投资比重过大；或者是采用将资金在各种资产中平均分配的幼稚性分散风险方式，从而导致风险分散不足。例如美国教师退休基金（TIAA-CREF）向计划参加者提供债券和股票两种可供选择的资产，50%的计划参加者在这两种投资选择之间的资产分配方式就是一半对一半，即各投资50%。此外，受益人投资组合变化速度也比较慢，根据年龄增长将个人账户资金由风险较高的组合转换为低风险组合的意识不强。行为金融学理论告诉我

---

① 孙树新：《全球企业年金》，中国劳动社会保障出版社，2004年，第285页。

们，投资者过度自信、过于乐观，相信可以通过自己的投资策略有效分散风险，获得高于市场的回报，将导致其将投资集中在少数资产上。同时，投资者往往还具有避免遗憾的心理和维持现状的偏好，在有限理性的情况下，投资者这种幼稚性分散风险投资方式就成为一种投资选择权下的习惯行为。此外，投资者认为随着投资期限的延长，相应的投资风险也会降低，加上厌恶损失心理导致人们努力推迟将账面上的损失转化为实际损失的时间，随退休时间调整投资组合变化的速度自然就慢下来了。根据行为金融学的理论分析可以看出，信托型企业年金计划中受益人个人投资选择权的顺利实现关键在于提高个人投资者克服心理和偏好方面弱点的能力。这一方面要通过加强对受益人的投资者教育和培训，另一方面需要从制定并执行严格的投资风控流程等方面来克服上述问题。笔者认为，如果不具备上述两方面的条件，对于DC计划不宜授予受益人投资选择权，尤其是在资本市场不发达、投资风险较大、投资者经验不足的情况下，投资决策权利还是应集中在投资管理人和受托人等机构手中比较稳妥。

2.3.2.3　选择投资于自己就职的公司

研究企业年金计划自我投资问题时，目前普遍关心的是自我投资很大程度上是受托人或投资管理人同参加企业相互串通，侵害受益人的利益。人们往往很少提及造成自我投资比例高还有一个微观的原因，即选择投资于自己就职公司的情况。在信托型企业年金计划参加者和受益人对个人账户资金拥有投资选择权的DC计划中，参加者往往选择将个人账户的资金投资于任职的公司，尽管其实际上有很多选择。西洛莫·本纳兹（Shlomo Benartzi，2001）在研究企业年金计划时发现：大约1/3的资金是投资在退休人员曾经工作过的公司，在公司强制性要求雇员将一定比例的资金投资于本公司之外的情况下，在职职工还将高达20%~30%的投资资金投资于他们供职的公司[1]。这种现象被称为"本地偏好"，本地偏好的存在，违背了资产组合理论要求投资者将资产分散到正相关性低的不同资产中的做法。本地偏好显然是企业年金计划参加者自己主动选择，而并不是制度等外在约束的结果。从行为金融学的角度来看，具有强烈本地偏好的计划参加者可能认为自己对所供职的公司更为熟悉，同时，人们也喜欢在自己比较熟悉的环境下行动。对于模糊情势[2]的厌恶以及对熟悉环境

---

[1]　李国平：《行为金融学》，北京大学出版社，2006年，第355页。
[2]　概率分布不确定的情形被称为模糊情势。

的偏好导致计划参加者认为其所供职的公司股票更有吸引力。此外，熟悉性强化了计划参加者在对个人账户资金投向作出选择时的能力幻觉和控制力幻觉，过度自信乐观地放弃投资分散风险的好处，而将投资集中在少数其熟悉的公司中。实际上，人们对具有强烈本地倾向的投资者的股市投资回报研究发现，这些投资者的回报并不比那些不带有强烈本地倾向的投资者的股市投资回报高，所谓信息优势不过是一种错觉。因此，在企业年金计划中由监管部门规定自我投资的上限比例是必要。一方面，对于参加者无投资选择权的计划可以防范受托人或投资管理同企业合谋侵害受益人利益。另一方面，对于参加者有投资选择权的计划可以在一定程度上矫正参加者的本地偏好，降低风险集中程度。与此同时，除了在制度层面上加以规定外，对于提供投资选择权的年金计划要加强投资领域相关公司企业的信息披露和投资者教育，降低计划参加者的本地投资偏好，也可以考虑只要求计划参加者选择风险程度，具体的资产配置由投资管理人承担。

2.3.2.4 企业年金基金投资中的羊群效应

企业年金基金投资的羊群效应是指年金基金的投资管理人相互模仿投资风格投资策略，对同种或同类证券采取相同的投资交易策略。对于整个资本市场而言，不同计划的投资管理人同时或相继买入或卖出同种证券往往会过度推高证券价格，使其价格偏离正常的价值。从行为金融学的角度来看，投资管理人进行投资决策时不是依据自己拥有的信息采取行动，而是根据对其他投资管理人的观察作出选择，而选择的结果是模仿他人行动，这是信息阶梯式传播的后果。基于企业年金计划治理中对投资管理人的激励机制的存在，经营水平差的投资管理人有模仿经营水平较高投资管理人的动机，对高水平投资管理人的权威认同感也促使众多投资管理人模仿。投资管理人之间的相互模仿，可以保证自身投资绩效与其他投资管理人的绩效相差不大。此外，来自社会群体舆论压力也是投资管理人作出羊群行为的重要原因。如果投资管理人买了被市场扔弃的股票，并投资失败，则不可避免地要受到严厉谴责；而如果买了被市场一致看好的股票，即使投资失败也不会受到大的指责。企业年金基金投资的羊群效应的存在并不影响存在于企业年金计划治理中的激励机制，因为即使在羊群效应下，领头决策的投资管理人依然可以获得高于其他模仿者的投资绩效，激励机制依然可以很好地发挥作用。值得关注的是，如果不同投资管理人相互之间串通以及同一投资管理人管理的不同年金计划基金联手操纵某一证券价格，就不再是一种模仿，而是违反市场公平竞争、损害受益人利益的道德风险，这是法律所不能允许的，也是企业年金治理所应防范和禁止的。

2.3.2.5 投资及业绩评估中的偏差

在评估企业年金基金和投资管理人业绩方面，企业年金计划的委托人或受托人往往也同普通投资者一样出现一些偏差。作为计划受托人一方的计划参加者在这方面的非理性表现得更为突出。一方面，他们认为某些投资管理人具有突出的投资能力，这些投资管理人能够持续带给他们良好的回报。另一方面，他们相信自己具有准确选择这些投资管理人的能力。与此同时，企业年金计划的投资管理人在费用和收益信息披露方面的不透明，一味突出强调投资的收益而以隐蔽、概括和抽象的方式公布费用会导致计划委托人进一步弱化理性判断。行为金融理论认为，在评估投资管理人业绩时，对偶然性的错误认识导致人们错误认为投资管理人以往的良好业绩是投资管理人具有突出投资能力的表现，较少考虑偶然运气的存在也能使投资管理人业绩斐然，同时也没有对年金基金投资的风险和费用进行准确评估。投资及业绩评估中的偏差提醒我们，在对以往投资决策进行评价时，要将风险和收益联系在一起考虑。对于投资绩效进行评估时，在投资管理人运气和能力之间作出区分是相当困难的，大多数时候并不能运用历史业绩来预测未来业绩。投资管理人都习惯于将历史业绩列出表明自身的能力，但是在挑选投资管理人时，必须谨慎对待这些历史数据。

案例分析：国外对企业年金计划有关人士培训指导情况

加强计划参加者、受益人、发起企业、受托人以及相关人士有关信托型企业年金计划知识的宣传和培训是实施信托型企业年金计划国家一项重要的监管内容。通过这些培训和指导，有助于年金计划的有关当事人了解相关法规，减少信息不对称的程度和非理性行为发生的频率，更好地加强对年金计划的治理。

英国：英国《2004年养老金法案》要求监管当局保证企业年金计划受托人获得充足的、可负担的有关养老金、受托法、企业年金计划管理等知识培训。为了帮助受托人和公众更好地理解和遵守养老金法案，监管当局制定并公布实务守则，其主要内容包括向计划受益人、雇主、管理人和其他相关人员提供实践指导原则，督促他们遵守养老金法案并且为上述人员预期的行为和实践制定了详细的标准。另外，英国养老金监管当局还开发了免费的网上学习系统，通过这个系统来提高公众关于企业年金的知识水平。

美国：美国雇员福利保障局下设的企业年金计划参加者协助处负责对企业

年金计划参加者和受益人进行培训,使他们了解相关法规和专业知识,协助美国劳工部对企业年金计划进行监督。这一工作在雇员福利保障局具有很重要的地位,在其 900 个成员中有 105 个成员作为雇员待遇顾问在企业年金成员协助处,到现场帮助成员自愿解决他们对计划的索赔。在 2005 财政年度里,雇员福利保障局待遇顾问受理了大约 16 万次计划成员询问,为计划成员挽回大约 8838 万美元的待遇。

爱尔兰:爱尔兰养老金监管委员会专门设立了全国养老金公众教育科。该机构主要向公众宣传、普及养老金知识,提高大家的养老防老意识,提高投资决策水平,早日为退休后的收入来源做好安排。此外,该国养老金监管委员会还设立有信息与培训处,负责向养老金计划成员及其相关机构提供广泛的有关他们权益的信息;负责向计划受托人等提供遵守相关法律的权威指南,鼓励受托人接受适当的培训。

3 我国信托型企业年金的治理框架

3.1 公司治理对信托型企业年金治理的影响

各个国家由于经济发展水平、社会制度、文化差异、法律制度、政治体制等因素的差异，演化出多样化的产权结构、融资模式和资本市场，进而形成了不尽相同的解决公司治理问题的治理模式。从当前世界范围来看，存在两种主流的公司治理模式，即英美模式和德日模式。英美模式是一种股东主权加外部市场治理为主的外部监控型治理模式[①]。其特点在于通过资本市场大力培育机构投资者，上市公司股权分散且经理人持股较小，通过资本市场对经理人的激励和有效监督实现股东利益最大化，企业运作高度透明且建有比较完善的立法和执法体系。公司股东依托外部庞大且发达的资本市场及其运作机制，根据公司股票的涨跌，通过"用脚投票"的方式实现对公司的影响，同时促进公司控制权市场的活跃，并以此对代理人形成强烈的间接约束。对代理问题的解决主要依赖资本市场融资和控制权市场，以及破产、法院等外部机制。德日模式一般侧重公司的内部治理，较少依赖外部治理机制。在德日，企业融资主要来源于银行系统，大股东所占的股份额度大，相对集中在银行和相互持股的企业手中，通常由大股东掌握企业的控制权，并主要通过内部的直接控制机制对管理层实施监督。其中，德国形成了全能银行和董事会与监事会双重决策机制，日本形成了交叉持股和主银行制度，通过上述制度层层控股。德日模式将利益相关者纳入公司治理结构。德国规定员工和行业代表在公司监事会中必须拥有一定的席位；强调职工参与决策，加强对管理层的监督。大股东和利益相关者对公司治理的直接监管，一定程度上掌握内部信息，有助于缓解代理问题中的信息不对称。

上述两种公司治理模式的存在，直接影响着以公司治理为基础的企业年金

---

① 陈文浩：《公司治理》，上海财经大学出版社，2006年，第176页。

计划的治理模式。总体来看，公司治理的发展对信托型企业年金计划治理的影响主要存在如下方面：

在英美模式流行的国家和地区，资本市场的发达为信托型企业年金计划的发展提供了丰厚的土壤，信托型企业年金也形成了巨大的基金存量，进一步促进了资本市场的工具创新和规模扩张。在德日模式流行的国家和地区，金融资源主要由"全能银行"和金融控股公司所占有，有关企业年金的一揽子金融服务往往由这些从事混业经营的大金融机构提供，加之集体协商和利益共同体长期存在，因此公司型和基金会型的企业年金计划比较盛行，企业年金市场的创新性较英美国家大为逊色，企业年金的基金规模和在资本市场的影响力也大打折扣。

英美公司治理秉承着股东利益至上的理念，把实现股东利益最大回报作为公司的目标，认为实现股东利益的最大化就实现了社会利益最大化。受这种公司治理理念的影响，信托型企业年金计划把计划参加者和受益人的利益最大化作为治理的最终目标，积极致力于保护计划参加者和受益人的利益，并形成了以保护受益人利益为核心的治理理念。

同英美公司治理注重外部治理的传统相适应，信托型企业年金计划的治理很大程度上依赖企业年金市场的竞争、中介机构和监管当局的监管等外部治理手段的发挥。

从实践上看，英美和德日公司治理模式有趋同发展的倾向。英美模式中的外部监控开始更多转向公司内部监控，要求独立董事发挥更有效的内部监督作用。德日模式开始重视资本市场等市场因素对公司治理的有效作用。在内控结构方面，两种模式在强化董事和董事会责任方面趋于一致，董事会的独立性大大加强。在约束机制方面，英美国家正在由"用脚投票"向注重"用手投票"①转变，机构投资者发挥着日益重要的作用。德日国家也在由"用手投票"向注重"用脚投票"转变。受其影响，信托型企业年金计划也进一步强化对治理主体的责任识别，强调发挥好治理主体的作用，注重对计划内部管理的加强。同时，企业年金作为稳健的机构投资者，开始积极参与公司治理。一方面，其参与公司治理与管理者作用的动机、方式等也有所区别，将影响替换高管层的决策，迫使管理层改革，提高了监管效率，有效地解决了"搭便车问题"，改变了股东相对于管理者的弱势地位，使公司价值与管理者的价值发生

---

① 用手投票主要指通过股东大会选举公司董事会或监事会，再由董事会对经理进行监督或由监事会对董事会及经理进行监督。

变化,大大地降低了代理成本;另一方面,企业年金有能力通过改变公司股价的形式间接影响公司治理结构[①]。

3.2 信托型企业年金运作模式及其治理风险

尽管实行信托型企业年金计划的国家在具体运作方式上存在一定差别,但是一般都包括计划的受托人(受托理事会和法人受托机构)、投资管理人、账户管理人以及基金托管人等当事人。根据受托人是否将投资管理、账户管理等业务委托给其他机构,信托型企业年金计划可分为全捆绑式、部分分拆式和全分拆式运作。具体运作关系见图3-1。

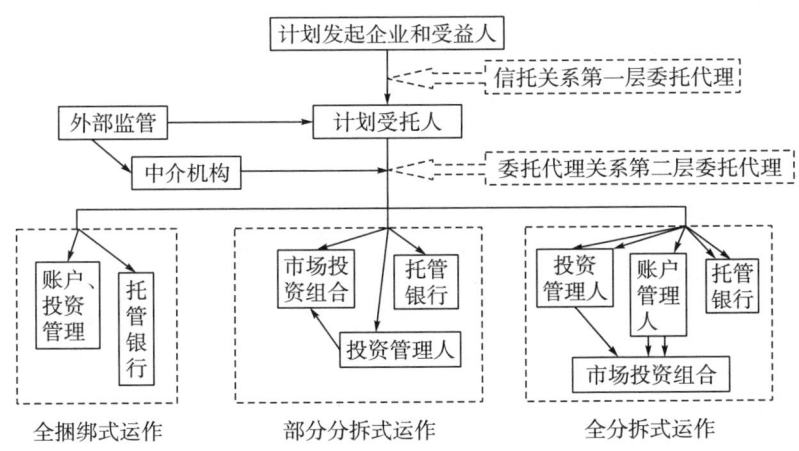

图3-1 信托型企业年金计划运作模式

企业年金计划按照全捆绑式运作,则计划受托人除将资金托管对外委托外,独立承担账户管理人和投资管理人职能。这种运作方式下的受托人一般都是具有账户管理和投资管理能力的法人受托机构。全捆绑运作下的计划受托人、账户管理人和投资管理人为一人,委托代理链条较短,简化了委托代理关系,降低了代理成本。但这种运作方式对计划受托人的相应资质要求比较高,也使得受托人职责过大、过宽,不符合专业化分工协作的发展要求。目前,国内具有计划受托人资格的金融机构都倾向于为企业年金计划提供全捆绑式服务,以尽可能地占有企业年金市场。

---

① 卢仿先、张宁、汪忠:《养老金介入公司治理的利益分析》,《财经理论与实践》,2005年第5期,第28~30页。

部分分拆式运作下，企业年金计划受托人一般将账户管理人或投资管理人职能之一（多为投资管理）委托给专业机构经营管理。这种方式下受托人的职责范围和风险有所减小，但计划的委托代理链条有所延长。

全分拆式运作下，计划受托人将账户管理、投资管理和基金托管的职能全部委托给专业机构。由于作为计划受托人的计划年金理事会往往缺少投资管理和账户管理的专业人员和管理能力，一般在理事会受托模式下倾向于采取全分拆方式运作。计划按照全分拆方式运作有利于计划受托人、专业投资管理和账户管理机构之间分工明确，也有利于增加各专业机构之间的市场竞争，但是也最大限度延长了委托代理链条。

不论采取哪一种运作模式，信托型企业年金计划的受托人在接受了委托人的信托之后，又将该信托资产的管理委托给投资管理人、托管人以及账户管理人，在这个信用关系网中，受托人明显处于核心位置，是企业年金安全运行的中心枢纽。从运作流程来看，信托型企业年金计划的治理主要面临如下风险。

3.2.1 独立性风险

其主要是指年金计划基金无法独立于发起企业和受托人自有资产的风险。信托法的基本原理就是信托财产的权属转移和信托财产的独立性，信托财产不仅独立于受托人的其他受托财产，也独立于委托人和受托人自身财产。但是，信托型企业年金计划的参加者和受益人不享有基金资产的法定所有权，除非计划发起企业破产或计划终结的情况发生。受托人作为年金基金的法定所有人对于基金拥有实质控制权，有可能挤占挪用基金资产为自身捞取利益。发起企业也有可能挪用基金资产，减少当期缴费。尤其在理事会受托模式下，由于计划理事会的成员往往与企业高管有着千丝万缕的联系，使得信托关系的双方难以有效制约，一旦企业不足以支付年金时，企业高管可能故意隐瞒，或者通过操纵年金基金受托人达到目的。

3.2.2 委托代理风险

这是信托型企业年金计划中最为常见也是最主要的风险。这里的委托代理包括两个层次的委托代理，即发起企业和计划受益人与受托人之间的信托关系以及受托人同其他为计划服务的当事人之间的委托关系。尽管法律意义上存在差距，但都面临同样的信息不对称和利益不一致的问题，可以通过委托代理理论加以分析。委托代理风险主要分为道德风险和逆向选择风险，主要体现为信托型计划中引发利益冲突的各种关联交易和无法准确选择计划受托人、投资管理人等。本书第 2 章对此问题有专门论述，这里不再过多说明。此外，受托人与投资管理人、账户管理人以及托管人发生的委托代理关系中，当营运管理中出现问题时，为了隐瞒实情，在后者向受托人提供的相关报告中，可能出现虚假信息。由于企业年金在职工退休后才开始支付，所以往往在发生风险的时候没有引起足够的重视，代理人有可能认为在隐瞒损失之后到年金收益支付的这段时间中可以将损失弥补，然而这种做法给受益人未来的现金流带来了极大的不确定性，从而加剧了风险产生的可能。

3.2.3 非理性行为风险

在信托型企业年金计划中，由于基金投资同资本市场的关系密切，在 DC 型计划中参加者和受益人在计划投资管理中往往拥有较大的选择和决定权，因此受益人、受托人和投资管理人的非理性行为往往会给计划投资管理和投资收益带来很大影响和风险，本书第 2 章已经作了分析。非理性行为还有可能进一步加重计划的委托代理风险，造成更大的利益冲突。

3.2.4 偿付能力不足风险

偿付能力不足风险主要表现在两个方面。一方面是当信托型企业年金计划遭受重大投资失败或计划破产时，DB 型计划基金资产不足以偿付对受益人既定的养老金支出，或者是 DC 型计划个人账户资产遭受重大损失，不能维持老年经济安全。另一方面是指受托人或投资管理人因为自身违规操作造成受益人损失，需要向受益人赔偿时不具备赔偿能力的风险。这在一些规模小、实力弱的机构受托和理事会受托模式下表现更为突出，由于理事会成员的个人财产能力所限制，往往不具备对所承担责任的赔偿能力，从而造成责任和实际能力不对等的风险。

3.2.5 监管不力风险

由于信托型企业年金计划在运作过程中涉及较多的领域，对企业年金计划的监管构架比较复杂。监管部门往往包括劳动、金融、税务等诸多部门，客观上要求对信托型计划运作阶段和环节进行统筹协调。这不但要设计实用的监管指标，还要有较高的监管协同能力。此外，中介机构对计划的间接监管也是实施有效监管的重要环节。一旦不能满足上述条件，难免出现监管的冲突和真空，给信托型企业年金计划的治理造成重要外部治理机制的缺失。

实行信托型企业年金计划的国家在规范计划治理中，除了严格规定受托人的忠实义务和谨慎义务外,还提供了旨在减少利益冲突和信息不对称,从个人解决代理风险、保护受益人利益的措施,如严格的信息披露、适度的激励机制、透明的选举制度、加强年金市场竞争、完善监管法规、提高监管效率以及建立补偿机制等。与此同时,各国还加强对企业年金计划治理的研究和探索,制定了一些较为实用的治理准则和规范。上述措施和实践构成并丰富了信托型企业年金计划治理框架体系,也是构建完善的信托型企业年金计划治理框架的基础。

3.3 信托型企业年金治理框架的特点

3.3.1 企业年金基金的独立性比较高

信托模式建立在金融信托法律关系基础之上,根据英美法系国家信托法有关规定,养老基金作为受托财产,具有独立性与稳定性,形成一个独立的财产实体。其独立性主要表现为三个"不可追及性":一是信托财产与委托人其他财产相区别,委托人过失"不可追及"信托财产。一旦信托合法设立,委托人死亡或被依法解散、撤销、宣告破产时,如果委托人和受益人不是同一人,则信托继续存续,委托人是唯一受益人时,信托才终止。二是信托财产与受托人的财产相区别,受托人过失"不可追及"信托财产。受托人死亡或依法解散、撤销、被宣告破产而终止时,信托财产不属于其遗产或清算财产,不承担民事责任。三是信托财产与属于受益人的财产相区别,受益人过失"不可追及"信托财产[1]。这种委托人和受托人的信托关系使企业年金基金与举办企业和经办机构的资产相分离,可维护受益人的利益。英国麦克威尔挪用养老基金丑闻发生后,托管法能否适用养老金托管成为公众关注的热点。英国专门成立了一个独立的养老金法律审查委员会进行研究,其研究报告认为托管法已然很好确立了受托人的受信人责任和受益人的财产权利原则,可以较好保护雇员不受雇主破产的影响,因此托管法仍然是处理养老金计划资产托管关系的最佳机制,可以作为职业关联养老金计划的权益、权利和责任提供法律基础[2]。

3.3.2 受托人处于治理主体地位

在企业年金计划中,从计划的发起人到计划的具体经办机构存在着广泛的

---

[1] 王艳梅:《信托的功能——资本运营视角下的探析》,《当代法学》,2004年第5期,第56页。
[2] 杨燕绥:《企业年金理论与实务》,中国劳动社会保障出版社,2003年,第32页。

委托代理关系，计划受托人处于中心位置，它同计划的受益人和企业是严格的信托关系，同计划的投资管理人、资金托管人以及账户管理人又是一种委托和被委托的关系。一般而言，受托人具有受信任人义务，受信任人义务包括忠实义务（the duty of loyalty）和谨慎义务（the duty of prudence），对计划资产拥有处置权。

3.3.3　企业年金计划的信息披露要求高

由于委托代理关系的复杂程度远远高于一般公司，同时计划基金作为受益人的老年生活保障对于维护社会稳定的意义非常重大，企业年金计划对信息披露及时、清晰、准确地送达受益人和计划参加人的要求非常高。企业年金计划的信息披露制度往往渗透在有关的法规和信息披露的规范性传统之中。企业年金计划的信息披露范围和内容远远超过会计信息的简单发布。一般来讲，首先是报告制度，计划受托人、账户管理人、投资管理人和资金托管人应当按照规定向监管机构报告情况，并对所报告内容的真实性、完整性负全部责任。其次是会计信息披露规定，会计报表、报表附注、补充报表、精算报告、注册会计师审计报告、财务状况说明书及其他相关会计信息构成了完整的财务报告体系[①]。

3.3.4　没有类似公司治理中所经常采用的股权激励机制

此外，受托人和投资管理人投资绩效的评价十分困难，受托人和投资管理人往往在业绩考察期间"粉饰"投资资产组合，为了避免诉讼而偏向谨慎投资从而导致较差的投资绩效。在1985年11月之前，美国证券交易委员会不允许对年金计划的受托人或投资管理人支付激励性报酬，管理着大量资产组合的受托人或投资管理人的报酬体现为根据投资组合的分类而确定的多少不等的管理费。目前，超过20%的美国养老金计划尝试运用激励金制度，但是由于激励金制度相当复杂，实施起来困难很多。布朗、哈罗、斯塔克等人通过对1976年到1991年334位共同基金经理的激励金制度和对其风险承担行为的影响进行了研究。研究结果表明，激励金制度将鼓励年金计划的受托人或投资管理人过多地承担风险。为此，企业年金计划必须完善监督方法，防止受托人或投资管理人为增加获得激励金的可能性而更改计划发起人和受益人确定的投资组合风险。

[①] 孙建勇：《企业年金运营与监管》，中国财政经济出版社，2004年，第56页。

3.3.5 没有明显的市场控制权约束机制

由于没有对企业年金计划的接管和收购市场，因此，对与计划有关的主体尤其是受托人、投资管理人来讲，市场控制权约束机制的缺失减少了其在类似一般股份制公司中的外部约束和竞争压力。对于一些理事会受托模式下企业年金计划，一般都有受益人和企业代表进入年金理事会，故受益人和计划参加者可以通过"用手投票"的方式加强对受托人的约束，通过"用脚投票"方式来强化投资管理人、账户管理人和资金托管人的责任。对于机构受托模式下的企业年金计划，由于机构受托人中没有受益人、企业的代表，对于受托人、投资管理人、账户管理人和资金托管人的约束一般可以通过计划受益人和计划参加者采取"用脚投票"的方式通过市场竞争来实施。

3.3.6 市场退出机制较为独特

企业年金的退出或破产机制与补偿基金制度构成了与一般公司截然不同的市场退出机制。不管是企业、受托人还是中介机构的退出都有可能使企业年金计划遭受重大损失而面临清盘终止。企业年金的终止必须谨慎，以保护企业年金受益人为最大目的。从全球企业年金的实践看，建立补偿基金制度是保护持有人在计划破产、年金资产流失情况下的一种后备救助方式。一般来看，主要建立补偿基金制度的国家基本上都是基于 DB 模式，确定的待遇给付、到期无法足额偿还的风险要求政府或行业自律组织为其建立补偿储备，以保护投资者的利益。香港强积金的补偿基金制度和美国的 PBGC 运营制度是其中的典型代表。值得注意的是，正如存款保险制度一样，企业年金计划的补偿基金制度在最大限度减少受益人损失的同时，也加大了受托人和投资管理人的道德风险，他们更有可能选择高风险的投资品种来提高收益率而把风险甩给补偿基金制度来承担。

3.4 信托型企业年金计划治理框架的构建原则

有效企业年金计划治理不仅需要来自法律制度的规范，还需要对计划有指导作用的管理实务原则，即治理框架的构建原则。从根本上讲，治理框架的构建原则是改善计划治理的标准与方针政策，也是计划管理层次的实务原则。

3.4.1 OECD企业年金治理框架简介

由于企业年金或实体的法律组织形式各不相同，在世界各国存在着信托型、公司型、契约型、基金会型等，所以，企业年金的实体和治理主体也就存在多种形式，不同模式下计划涉及的当事人也不同，作用和法律地位差异较大，因此对治理具体的要求必然会有所差异。当前，世界各国都在积极研究指导企业年金计划治理完善的原则和途径，比较有影响的是2005年OECD关于企业年金治理的三个文件，即《治理准则》《监管建议》和《保障指引》，这三个文件为各国企业年金治理完善提供了一个非常有价值的参考系。这主要是因为OECD企业年金治理框架的形成具有如下特征。

3.4.1.1 弹性的治理和监管原则

《治理准则》指出这一指引适用于自发型（autonomous）、选择型（collective）和集体型（group）的企业年金计划，也适用于个人养老金管理，但是这些原则都需要遵从基本的目标，即养老金的建立必须保障员工退休后的利益。《监管建议》在监管方面提出了监管前提条件，即不能增加运营管理负担，机构间的竞争必须有利于成员和受益人的权益，必须符合金融市场的发展。《保障指引》对企业年金计划提出了附加的权利，包括可要求提供一揽子可选择投资方案，能获得各种投资方案的有效信息，能够有权利自己决定投资决策，能够获得足够的财务技能或培训或其他协助措施来管理自己的账户等。因此OECD治理监管框架是一个较为完整和细致的体系，各个国家的不同模式都可以找到可以遵守的标准或原则。

3.4.1.2 强调由独立的治理主体承担最终责任

事实上，《治理准则》第一条就指明，对养老金管理中的操作和监管责任必须有明确的界定和分配。养老金实体的建立是为了计划/基金成员，其实体的法律形式、内部治理结构、主要目标都必须依据法律、法规、合同或者信托条款在养老金计划中声明。如果养老金计划是由金融机构管理的单独账户形式，则养老金合同中必须明确界定发起人/参与人和金融机构中的责任，确保后者能够尽职管理养老基金。

3.4.1.3 注重建立内外部治理相互制约和制衡的模式

OECD非常重视在企业年金计划中建立内外部治理相互制约和制衡的关

系，主要体现在四个层次上，即首先是治理主体严格的内部控制机制，其次是专业服务机构的参与监督，再次是有关当局的管理，最后是成员和受益人维护自身权利的监督。OECD通过这四个层次的监管框架形成了既有内部控制又有外部监督的相互制衡模式，使得任何一方参与机构都无法享有控制权力，并且处在相互监督的地位，使得企业年金计划的安全性大为提高。

3.4.1.4 强调信息获取和披露的有效性

《治理准则》为养老金计划管理提出了明确的信息披露和报告标准，即在所有养老金管理的个人和机构中应该建立通畅的报告渠道，以确保信息能够合理、及时、准确、完整、持续、简明地传递给精算师、资产管理人、咨询师、托管人和其他专业服务机构。养老金治理主体必须清晰、准确、及时地披露相关的信息给所有的参与人，包括计划成员、受益人、监管当局等。信息披露的内容包括发起人和参与人的缴费标准、可能存在的投资承诺或利益保证、成员所需支付的费用、DB计划下简明易懂的投资策略说明等。《监管建议》和《保障指引》还补充有计划文件、年度账户报告、年度财务报告和精算报告，如果没有自动披露，则受益人将能很便捷获得；为每个成员提供及时、独立的账户收益报告；信息披露的文件形式需简明易懂；邮寄、投递、电邮或者网站等方式都可以被有效利用；等等。

3.4.1.5 综合体现股东至上和利益相关者理论

OECD企业年金计划治理监管框架和2004年《OECD公司治理准则》完全保持一致的精神，在思路上综合考虑了股东至上理论和利益相关者理论。由于企业年金计划受益人和计划参加人在某些属性特点与股票持有者和利益相关者具有相同之处，《治理准则》借鉴了《OECD公司治理准则》中保障利益相关者利益的做法理论要求，强调了相应的纠错补偿机制以加强对受益人利益的保护。

《OECD企业年金治理准则》是在其成员国和相关国际机构与国际组织的经验基础之上设计出来的，是对各国企业年金各种类型制度架构优劣的一个精辟概括和高度抽象，是对所有国家各种类型企业年金经验教训的一次全面总结和提炼，为全球范围内建立良好的企业年金治理机制提供了一个良好的基础。《OECD企业年金治理准则》将成为推动我国企业年金治理的一个重要契机，也是我国根据国情制定适合我国企业年金治理准则和最佳做法主要参考和提升治理水平的一个重要手段。

部分OECD国家企业年金治理结构及治理主体资质要求见表3-1。

表 3-1　部分 OECD 国家企业年金治理结构及治理主体资质要求①

国家	类型	法律形式	治理和监管主体	成员/受益人代表	资质要求
澳大利亚	开放、封闭	信托型	受托人	受托理事会中有同等数量的雇主和雇员代表	受托人没有不诚实行为而获罪，没有受过监管机构的民事处罚，没有破产
奥地利	封闭	契约型 公司型	会员大会 董事会 监事会	监事会必须有成员和雇员代表	董事会成员必须受过专业教育，至少有三年金融机构工作经验，没有刑事犯罪纪录，未宣告破产
加拿大	封闭	信托型	受托人（至少三人），年金计划管理者（必须是魁北克的年金委员会）	在魁北克的年金委员会必须包括计划成员	至少三个受托人必须居住在魁北克，其中一个必须独立于发起公司
德国	封闭	公司型（相互保险协会）	董事会	成员代表不必占有50%投票权，但必须有防止其被否决的制度保障	只有有资格的保险专业人士才能担任管理董事
爱尔兰	封闭	信托型	受托人（个人或公司）	成员有权与发起人选择对等数量的受托人	没有特别的资质要求
挪威	封闭	基金会型	董事会 CEO（董事会任命）	董事会至少要有四名成员，至少两名由雇员选任	没有特别的资质要求
荷兰	封闭	基金会型	基金会理事	基金会由相等数量的雇主和雇员代表组成	无资质要求，但监管者可以测试成员的资质并宣布不合格名单
西班牙	封闭、开放	契约型	年金基金管理公司或其他经授权的金融机构；年金计划控制委员会；年金基金控制委员会	控制委员会中必须大多数是成员或受益人	适用金融机构的一般要求
瑞典	封闭	基金会型	基金理事会监视	必须有相等数量的雇主和雇员代表	没有特别的资质要求
英国	封闭	信托型	受托人	至少有33%成员提名的受托人	受托人无因不诚实、欺诈而获罪，没有破产或无资格担任董事
美国	封闭	信托型	受托人	无相关要求	

---

① 资料来源：OECD。

3.4.2 我国信托型企业年金计划治理框架的构建原则

我国企业年金计划被确立为信托型计划。2004 年《企业年金试行办法》（劳动和社会保障部令第 20 号）第十五条明确规定："建立企业年金的企业，应当确定企业年金受托人（以下简称受托人），受托管理企业年金。受托人可以是企业成立的企业年金理事会，也可以是符合国家规定的法人受托机构。"确立了企业年金基金财产是一种信托财产的法律地位。借鉴国际信托型企业年金计划治理的经验，笔者认为我国信托型企业年金计划治理框架的构建应当遵循如下原则。

3.4.2.1 保护受益人和计划成员利益的原则

在 OECD 国家中，监管法规要求企业年金计划治理的中心任务是促进企业年金计划成员和受益人利益为核心管理模式的形成，有效保护受益人和计划成员的利益。目前，我国企业年金计划的运作和管理并没有明确提出参与计划治理的各方代理机构一切行为的核心是围绕计划成员和受益人创造更大利益提供服务，也没有将保护受益人和计划成员的利益放在计划治理的首要地位。曾经发生的一些社保问题在引起全社会关注和震惊的同时，再次向人们昭示，建立企业年金的目标和服务对象必须是非常明确的，建立企业年金的唯一目标是为退休收入的多元化和收益最大化服务，服务对象只能是受益人和计划成员，保护其退休资产安全性必然要成为企业年金治理的第一要求。除此之外，"为国民经济服务"[①] 口号的本质是养老基金投资的目标政治化代替了收益最大化，甚至成为地方政府个别腐败官员挪用和利益输送的一个"掩护"。在这个冠冕堂皇的借口下，企业年金就可能成为制造政绩和推动 GDP 增长的一个牺牲品。

3.4.2.2 等级分解原则

等级分解的原则就是对组织中的决策权和相应的责任进行分解，并落实到每个便于操作的基层单位，使组织内部结构安排能够克服当事人的机会主义，防止"道德风险"和"逆选择"，节约交易成本。以信托方式建立的企业年金计划一般会对治理方式有个基本的规定，如规定信托财产分立及与受托人自身财产分开制度等。但是鉴于企业年金计划中复杂的委托代理关系，对于参与计划

---

① 郑秉文：《中国企业年金的治理危机及其出路——以上海社保案为例》，《中国人口科学》，2006 年第 6 期，第 25 页。

的当事人的职责必须合理划分并真正付诸落实。对于计划受托人、账户管理人、投资管理人和资金托管人尤其需要明确界定其责任认定,并将其明确地记载在章程、规则、合同及所有一切相关文件之中,具体包括征集缴费、账户记录、精算分析、融资和缴费政策、资产负债管理、投资策略、资产管理、信息披露等。

3.4.2.3 内外部治理协调配合的原则

公司治理理论告诉我们,从公司科层和市场契约的过程来看,公司治理是既包括科层内部也涉及公司与市场之间的一系列制度安排。企业内安排构成公司的内部治理,而企业外安排主要是由市场力量推动而作出的构成公司的外部治理。良好的治理机构需要内外部治理的协调配合。信托型企业年金计划的治理对市场发育程度的要求比较高,这不仅是因为解决内部委托代理问题需要通过有关代理市场的竞争减少信息不完备,同时,年金基金的保值增值也必须在完善的资本市场上才能实现。当前,我国资本市场不发达,相应的竞争性的代理人市场还远未建立,外部治理的有效发挥还存在一定难度。

3.4.2.4 激励相容原则

一般而言,保持一个治理单位治理机制的有效运行,就要使机制设计者和机制需求者在最终目的上达成一致,这也是激励相容原则根本要求。治理机制的形成有两种基本途径,一是行为主体在相互博弈中自发形成的,一是在经济主体相互博弈的基础上由第三者设计的[①]。激励相容原则在第一类机制形成中是自然的贯彻;在第二类机制形成中,第三者设计机制时很可能陷入信息不对称的圈套,而使设计的目的与机制需求者的目的发生偏离。企业年金计划在我国是新鲜的制度设计,国内也缺少信托法律基础的氛围。故此,我国信托型企业年金计划的治理在机制设计上必须清楚机制需求者的行为基础及其模式,综合运用各种对计划受托人、投资管理人、账户管理人和资金托管人进行制约与激励的手段,在适当控制治理成本的同时,最大限度地保护受益人和计划成员的利益。

3.4.2.5 效用最大化的动机和信息不对称假设的原则

这一原则是信息范式研究问题的出发点,效用最大化的动机表明了行为人的行为方向,信息不对称或不完备表明了行为过程中的约束[②]。信托型企业年

---

① 李维安:《公司治理学》,高等教育出版社,2005年,第47页。
② 李维安:《公司治理学》,高等教育出版社,2005年,第48页。

金计划相对于其他类型的计划模式，其委托代理关系最为复杂，计划运作的风险控制链加长。处于防范"道德风险"和"逆选择"的需要，即便行为人从效用最大化动机出发，由于信息不完备的约束也不见得就能达到效用最大化的目标。因此在企业年金计划治理中，次优的卡尔多改进比理想的帕雷托评价标准更为现实一些，这也是我们在设计和评价年金计划治理时的现实基础。

3.5 我国信托型企业年金计划治理框架

治理结构本身就是一种在特定的技术、市场条件下形成的制度安排。它是由博弈参与方最终形成的博弈结果，同时也包含特定国家和地区所形成的历史、文化、政治法律制度等因素。因而世界上存在不同的治理模式，并且这些不同的治理模式随着经济条件的变化不断演进和完善。正如公司治理在不断吸收不同模式优点基础之上相互借鉴，从不同角度向内部治理和外部治理兼顾目标的靠近。良好的企业年金治理结构必然是在包含一些治理基本要素和要求基础上能够吸收借鉴其他模式优点的安排。

完善的信托型企业年金计划治理框架应该由内部治理和外部治理有机结合而成，内部治理是企业年金计划治理结构的核心和基础，外部治理是保障。其体系见图3-2。

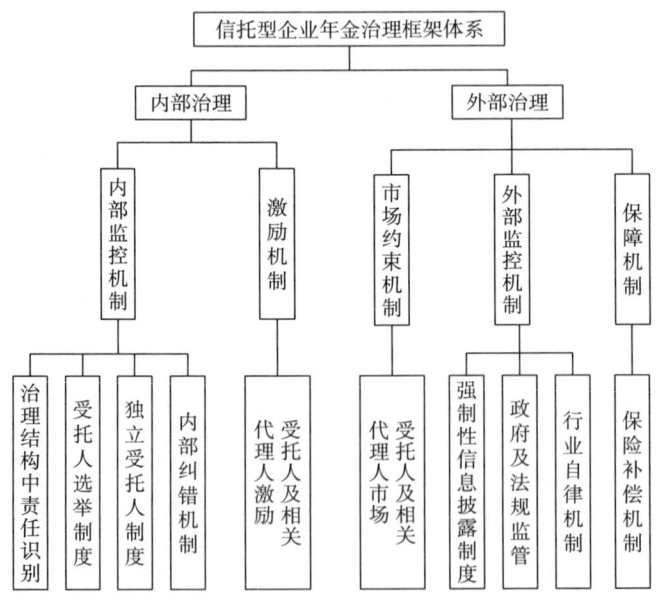

图3-2 我国信托型企业年金计划治理框架

3.5.1 内部治理

根据《OECD 企业年金治理准则》的要求，建立良好内部治理机制的重点在于确保在营运和监督这两项责任中，所有"当事人"和所有实体都能按照养老基金实体的有关章程确定的目标行事，确保所有"当事人"都依法行事。这些控制措施应覆盖所有基本的组织程序和管理程序，具体包括：一是定期对企业年金营运和监督过程中所涉及的各"当事人"和实体的业绩进行评估；二是定期对薪酬机制进行评价，以确保为各方"当事人"提供正确的激励；三是对利益冲突状况进行识别和监视并进行纠正；四是建立对滥用特权信息和机密信息进行制裁的惩罚机制；五是对投资风险和长寿风险等建立风险测量和风险管理机制[1]。信托型企业年金计划的内部治理主要涉及受益人、计划发起人、受托人、投资管理人、账户管理人、资金受托人等各主体之间的一系列制度安排，以确保责权利清晰并相互制约，各司其职，更好地保护受益人的利益。其手段主要是通过对相关责任主体实施内部监控机制和激励机制，使其目标和受益人目标趋向一致。

3.5.1.1 治理机构中的责任识别

信托型企业年金计划的法律形式、内部治理结构及其主要目标都应该在计划的章程、议事规则、契约以及信托工具或任何与此相关的文件中予以明确的表述。同时，还必须明确指出计划的主要目的，以规范参与计划管理者的行为导向。确保养老基金的保值、增值，维护计划参加者的老年经济安全是所有计划类型共同适用的主要目标。除此之外，在 DB 型计划中，确保计划资产与负债的精算平衡也是十分重要的内容。近些年，英美等国家的养老基金治理规范中还要求避免基金的投资行为损害社会道德和社会利益，这一点可以看作年金计划主要目标在逐步社会化的一个迹象。

信托型计划日常运营包括缴费征集、账户管理、精算分析、资产负债管理、投资管理、信息披露和养老金发放等诸多环节的工作。一般地，治理主体可以承担一部分，而将另外一部分的工作分包给其他外部机构来承担。为此，应在计划的相关文件中对上述责任和义务及其分配情况详细说明。值得注意的是，有些国家规定了可分包出去和不可分包出去的内容，还有一些国家规定了必须分包出去的内容。例如，墨西哥和波兰的养老基金管理公司不能分包养老

---

[1] 郑秉文：《企业年金治理的一个圭臬》，《保险与社会保障》，2006年第1期，第20～27页。

基金的资产管理工作；而在意大利的封闭养老基金中，董事会必须把投资管理工作外包给金融机构，把养老金发放外包给寿险公司①。

1. 对治理主体的责任要求

为促使治理主体更好地履行职责，除明确划分管理职责之外，还应该对治理主体在履行职责的过程中提出约束要求，并在相关文件中体现为对治理主题的责任。在治理主体出现失误时，监管当局、计划参加者和计划发起人可以运用这些责任要求对治理主体进行干预和纠偏。在信托型企业年金计划中，治理主体就是受托人，这里的受托人概念是以计划信托关系为主的受托管理人，在英文中被称为 trustee，往往是劳资双方组成的企业内部理事会或者由劳资双方委托对计划进行管理的外部专业机构，有管理企业年金的法定权利，并对确保遵守协议条款及维护计划成员和受益者最佳利益负有最终责任②。值得注意的是，在英美国家，受托人的概念有些差别。英国的受托人概念专指受让企业年金基金财产并允诺代为管理处分的人，这种定义同我国年金计划的受托人概念是一致的③。美国的"受托人"概念要宽泛一些④。

尽管各国的受托人责任规定不尽相同，但通常年金基金的行政管理和资产管理都由受托人负责。其主要职责包括如下方面：治理主体定期召开会议；负责养老基金的缴费征集，向退休成员发放养老金；秉公行事，检查监督基金投资，并负责向专家进行投资咨询；确保自我投资比例不超过限制规定；为基金管理人设定投资原则，决定重大投资决策；任命审计师和精算师；向监管当局定期报告计划运营情况，向计划成员公开包括计划缴费、基金投资、养老金支付和资产与负债的精算价值等在内的相关信息。

---

① 胡云超：《养老基金治理结构和治理机制：原则与理念》，2005年北大CCISSR（赛瑟）论坛发言稿。
② 如不作特殊说明，本书中所提及的受托人均是指以计划信托关系为主的受托管理人。
③ 英国的受托人处于实施企业年金信托管理的中心主体地位，可以集账户管理、基金托管、基金投资多种职能于一身，也可以将其中的一些职能转而委托其他金融机构。
④ 根据美国《雇员退休收入保障法》的规定，为养老金计划提供服务或实行行政管理或者投资运行的公司、机构和个人如果具有以下的权利或提供以下服务就是该计划的受托人：对计划具有决定权或控制权，对计划的资产管理具有处置权。为计划资产投资提供投资咨询或者是有权力、有义务提供这种咨询。对于该计划的行政管理有决定权并负责任。根据该保障法的规定，在美国，所谓"受托人"实际上是包含计划治理主体在内的所有为计划提供关键服务的机构和个人，在英文中被称为fiduciary。为了突出计划的治理主体，美国规定必须设有一个"指定受托人"，承担计划受托人的主要职责。指定受托人还可以将自己的一部分或全部受托人的职能委托给他人，接受转托的人也成为计划的部分受托人。因此美国指定受托人的职能相当于信托型企业年金计划通常意义上受托人概念。

2. 投资管理人和账户管理人

投资管理是年金计划最为重要的业务操作，担负着年金基金保值和增值的重要职责。投资管理人指按规定取得基金投资管理业务，专门负责基金投资运作的专业性投资机构或个人。投资管理人可以由受托人指定也可以由受托人直接充当。根据美国《雇员退休收入保障法》的要求，企业年金计划投资管理人必须严格遵守四个方面的法律职责：一是在履行职责时，一切行动必须只以计划参加者和受益人的利益为出发点，进行投资管理的一切决定或行为的最终目的必须都只能是向计划参加者或受益人提供福利或就计划的开销进行合理的支付。二是对计划的资产进行投资管理所使用的技巧、关心的程度、谨慎从事的用心和勤勉努力必须符合一个具有同等能力、对投资具有同样熟悉程度的受托人在同样情况下所使用的同样的技巧、关心程度、谨慎从事和勤勉努力的程度。三是必须尽量对计划的资产进行多元化的投资，以尽量减少计划出现大量亏损的风险。四是必须严格按照计划的所有法律文书行事[①]。投资管理人的职责一般是：管理运用企业年金基金资产，对基金资产进行投资，建立相应的基金投资管理风险准备金，完整保存基金委托资产的会计凭证、会计账簿和年度财务会计报告，定期向受托人和有关监管机构提交投资运作报告[②]。在实际业务操作中，投资管理人和账户管理人常常是一个机构。例如，在智利，其养老基金的账户管理人和基金管理人就是专门的养老基金管理公司；而在日本和英国，账户管理人和基金管理人常常表现为基金托管人或保险公司。

3. 托管人

计划托管人的职责主要是管理年金计划资产，确保资产安全。此外还负责提供一些附加服务，如证券、现金、投资会计报告、业绩评估等。托管人一般应独立于治理主体，并且同计划的投资管理、日常账户管理、资产负债管理等业务不能同时兼任，以确保年金资产的物质形态上的安全性和法律意义上的安全性。同时，托管人还应发挥外部告密人的功能。由于在法人受托模式下，没有计划参加人的代表进入董事会，因此在这些计划中，托管人的监督作用就更加突出。

4. 咨询师、审计师和精算师在治理结构中的作用

对于任何企业年金计划，咨询师、审计师和精算师的作用都是十分重要

---

① 林羿：《美国企业年金的监督与管理》，中国财政经济出版社，2006年，第94页。
② 劳动社会保障部社会保障研究所、博时基金管理有限公司：《中国企业年金制度与管理规范》，中国劳动社会保障出版社，2002年，第76页。

的。专家提供的咨询服务，可以帮助计划发起人或计划的治理主体设计适合的企业年金计划方案，利用咨询师的专业知识还可有助于治理主体更有效率地履行职责提供决策支持。在信托型年金计划的治理结构中，咨询师不一定独立于治理主体和计划发起人之外，既可以由治理主体选择外部专业人士来充当，也可以利用发起人的资源，由发起人成员来执行。但是审计师和精算师的地位十分特殊，必须由独立于养老金实体、治理主体和计划发起人之外的专业人士或机构充当，甚至由监管当局直接任命，以保证审计意见的公正性。审计师主要负责对财务状况、行政管理等进行审计。精算师主要评估当前和未来养老金的债务、确认财务的支付能力、预测融资需求和缴费标准。独立的精算机构或精算师所提供的精算服务对于需要发起企业或受托人承担一定财务风险和长寿风险的 DB 型计划意义非常重大。审计师和精算师在年金治理结构中充当着重要的监督告发作用，如果发现违规情况应立即向治理主体甚至监管当局报告。在英国的企业年金计划中，计划审计和精算人员甚至享有"起诉豁免权"，以保证他们可以自由地向职业年金管理局（OPRA）检举揭发计划相关人的违规行为。

5. 资格或资质要求

为了保证治理单位在企业年金管理过程具备高水平的公信力和职业操守，有必要对企业年金治理结构中参与管理的个人和机构规定最低的资格或资质要求。一般地，各国对于企业年金治理单位的资质并没有统一的标准。资格或资质要求与各个国家的监管模式有很大的关系。对于大多数采取审慎性监管的发达国家，尤其是采取信托型计划的盎格鲁－撒克逊国家，主要是从法律上给受托人规定了主要责任，任何受托人都被要求接受足够的培训，从而理解该职务的职责范围。但是法律并没有明确要求受托人该拥有什么样的资格或接受什么样的培训，而是允许任何人成为受托人，只要他们没有被列入列举出来的不能具备受托人资格条件的情形[①]。这些情形主要是被指控为不诚信或欺诈的破产者雇佣不称职的精算师和审计师、存在自我关联交易等。而对于实行严格数量限制管理的国家，对于治理单位，尤其是投资管理者的资质要求非常严格。例如在拉美国家，对于专业的养老金管理公司的准入就必须满足最低资本金要求，"适宜性"测试要求、充足投资准备金要求等。

---

① 劳动社会保障部社会保障研究所、博时基金管理有限公司：《中国企业年金制度与管理规范》，中国劳动社会保障出版社，2002 年，第 76 页。

3.5.1.2 受托人选举制度

为增强治理主体的责任性和透明性,信托型企业年金计划一般都在计划理事会中设计了计划参加者的代表和相应的选举制度,这些代表进入治理主体后一般只负责监督受托人更好地服务于受益人和计划成员的利益。在英国的信托型企业年金计划中,根据《养老金法案》规定,在 DB 型计划中受托人成员[①]的 1/3 须经选举产生,DC 型计划中 2/3 须选举产生。成员在 100 人以上的职业年金计划中,受托人中至少有 2 名雇员代表;成员在 100 人以下的职业年金计划中,至少有 1 名雇员代表。美国信托型企业年金计划中一般由企业成立的行政管理委员会担负计划受托人职责,该委员会的成员由企业的人力资源部门、财务部门、法律部门和企业职工代表组成。职工代表进入计划的受托人组织,有利于将广大受益人和计划参加者对计划所提供福利和其他方面受益权的意见通过该委员会进行反馈,并负责协调企业和员工之间在养老金福利需求和措施方面可能出现的问题。实际上,受托人选举制度还广泛存在于公司型、基金会型企业计划之中,成为各国企业年金计划内部治理的一项有效制度安排。根据德国《劳动法》中"共同决策"的条款,德国以"互助保险工会"形式建立的公司型计划,要求董事会中有雇主和雇员的代表。而荷兰、挪威、瑞典等国以基金会形式存在的封闭型养老基金都规定董事会中必须有相同数目的雇主和雇员参加。

3.5.1.3 独立受托人制度

独立受托人制度又称为独立董事制度。在盎格鲁-撒克逊国家的信托型企业年金计划中,由自然人组成的受托理事会或法人受托机构董事会中,可以设立一名独立受托人或独立董事。独立受托人是同企业年金计划资产和雇主没有利益关系的个人,独立受托人或董事的任命必须是应雇主代表或成员代表的要求而进行的,并且计划章程也允许这种安排。独立受托人制度的目的就是吸纳具有足够专业技能的个人协助和约束受托人的行为。独立受托人或董事的任命并不干扰其他受托人履行职责。澳大利亚养老金行业监管法规定,独立受托人或董事必须得到 2/3 的受托人(自然人)或法人受托机构董事会 2/3 多数同意才能任命。该法规还规定受托人或董事不能是计划成员,不能和雇主、计划成员有任何关联,也不能是工会的代表或是任何代表计划成员或雇主利益组织的

---

① 在理事会受托模式下称为成员提名受托人,在机构受托模式下称为成员提名董事。

代表。

3.5.1.4 内部纠错机制

实施信托型企业计划的国家，其计划内部纠错机制的设置有两层含义：一是在于保证计划参加者和受益人在受益权的实现受到侵害时，有权通过有关渠道，介入法定纠错程序，或通过监管当局或法院采取及时的纠正措施，维护自身的权益。在企业年金计划的治理实践中，对纠错过程中的赔偿问题可以通过非正式的协商、独立、仲裁、监管、监督机构审查或法庭诉讼等方式来实现。美国大部分企业的年金计划中设立了受益权上诉委员会。该委员会主要职能是对受托人所作出的关于员工申请受益权的最初决定进行复审，特别是在提出申请的员工对受托人所作出的最初决定不满意而要求复审的情况下。为保证受益权上诉委员会的相对独立性和复审决定的客观性，受益权上诉委员会的成员不能是受托理事会成员。美国的企业年金计划一般也规定员工只有通过上诉委员会，在完全履行公司内部上诉手续后，如果依然不满意上诉委员会的决定，可以通过法庭启动民事法律诉讼程序。在澳大利亚，为保护受益人和计划成员利益成立了非正式的养老金仲裁法院，仲裁结果一般不向外界公布。二是计划受托人有义务使计划符合国家相关法律的规定，在实际操作中如果发现计划有违章行为之后进行自愿修正。在美国，为了进一步鼓励和加强企业雇主和为企业年金计划提供各方面服务的专业人员遵守《税收法》中各项优惠税收合格要求的主动性和自觉性，美国税务局还专门制定了"企业年金计划自愿更正违章行为体制"（Employee Plan Voluntary Compliance Program），为企业年金计划在其法律文件和实际操作两方面所出现的违章行为如何进行自我更正提出要求。没有或正在受到实地检查的计划都可以利用该体制进行自我更正[①]。

3.5.1.5 内部激励机制

由于委托人和代理人的目标效用函数不一致，委托人需要设计合理的激励机制，使代理人在满足自身效用最大化的同时让委托人的效用得到最大限度的满足。在信托型企业年金治理中，激励机制既适用于计划受托人，也适用于投资管理人等相关计划"当事人"。有效的激励机制通过报酬、声誉等方式，使计划受托人和投资管理人等相关计划"当事人"的能力得到充分发挥，谋求计划受益人和计划成员利益最大化。以绩效为基础的报酬机制虽然不是最优的风

---

① 林羿：《美国企业年金的监督与管理》，中国财政经济出版社，2006年，第14页。

险分担安排，但却能使代理人暴露于风险中，更好地完成工作。如加拿大采取的就是与绩效挂钩的累进分成制的办法来计发企业年金基金管理机构的管理费，企业年金基金的投资收益率越高，企业年金基金管理机构参与收益分配的比例也就越高。这种方法不仅使得企业年金基金管理机构与企业年金计划委托人的利益趋向一致，还大大降低了企业年金运营过程中产生道德风险的可能性[1]。

3.5.2 外部治理

3.5.2.1 市场约束机制

由于企业年金计划治理结构的特殊性，针对计划的外部控制权市场并不存在，对于计划受托人的接管和收购市场也几乎没有。对于封闭式信托型企业年金计划[2]，由于计划成员和规模相对固定，外部市场对受托人的约束几乎可以忽略不计。对于开放式信托型企业年金计划[3]，其受托人往往是金融机构，计划规模大小是可以变动的，成员在加入计划之前，要了解有关计划及收益的详尽信息后再作出是否参加计划的决定。同时，一些实行信托型企业年金计划的国家（如澳大利亚）一般允许开放式年金计划每年给予成员一次或数次离开计划的机会。由此相对于给予成员"用脚投票"的机会，可以构成对受托人的现实制约。管理能力强和业绩突出的受托人可以在充分竞争的市场上脱颖而出，其受托管理的开放式年金计划也会不断扩大规模和收益，反之则反。当然，这样做也并非完美，因为这样会造成受托人的短视，更加重视短期的收益而与计划的长期投资的目标不相符。尽管如此，法人受托人的竞争和淘汰机制对于受托人的制约作用是巨大的。相对于受托人而言，投资管理人、账户管理人、资金托管人以及其他为年金计划提供服务的机构或个人受到市场约束的程度要强一些。因为提供这些服务的机构和个人往往数量众多，其提供的服务同为一般基金业务的服务在本质上并无太大差别，因此从业务性质上讲，上述服务已经比较成熟，服务的标准化和竞争性较强，故此市场的竞争淘汰机制和声誉效应能够较为充分地发挥。

---

[1] 何伟、汤剑：《企业年金运营过程中的道德风险及其防范》，《兰州学刊》，2006年第10期，第21~22页。
[2] 封闭式企业年金计划的成员往往仅限于固定的成员，一般为同一个雇主或同一集团下的雇员。
[3] 开放式企业年金计划对于成员资格没有限制，可以随机来自不同的雇主企业，也可以来自多个联合企业。

3.5.2.2 强制性信息披露机制

信息披露的目的是向受益人等相关利益者真实反映受托人的经营业绩，同时为受益人提供和建议良好的投资方案。完善的信息披露制度也是世界各国年金基金监管成功的经验。本书在第 2 章的委托代理模型分析已经证明，降低代理人的道德风险，提高其工作努力程度的关键在于搜寻更多代理人的信息。因此，强制性信息披露能够部分解决企业年金计划治理中的信息不对称，从而降低计划相关"当事人"违纪行为的发生，这样还有助于减轻监管部门的工作量，降低监管成本。一般来讲，年金计划的信息披露必须送达每一个计划成员，信息披露必须清楚地表述计划的类型、缴费水平、投资策略、预期投资收益以及计划成员和受益人的各项权利，上述内容的任何变动都必须及时通知到计划成员。DB 型计划成员有权知道承诺养老金的给付水平以及基金的相关财务状况。在 DC 计划中，由于个人承担投资风险[1]，年金计划的信息披露就更为关键，计划必须定期（至少每年一次）采取适当方式报告包括个人账户余额、投资管理程序和投资绩效等在内的相关信息。

从实施信托型企业年金计划的国家的实践来看，信息披露制度应有完善的体系，使企业年金信息披露涵盖运作的主要环节，避免"暗箱操作"；应加大信息披露的力度，使基金信息披露能满足受托人、受益人的需要，并与市场发展相适应。信息披露制度一般不独立存在、自成一体，而是渗透在有关法规和信息披露的规范文件之中，企业年金计划的信息披露制度的完善实质上就是企业年金制度相关法律、法规文件的完备。美国企业年金计划的信息披露要求和报告要求较为完善。《雇员退休收入保障法》和《税收法》规定一个计划管理人必须要向美国税务局、劳工部和养老金津贴保证公司呈交有关计划的各种报告和文件，还必须向计划参加者和受益人披露有关计划的各方面情况。有关雇员养老金计划披露和报告的要求，一方面旨在保证计划运行和管理的透明度，使计划参与者和受益人清楚地了解养老金计划为他们提供的权力和利益，从而使他们能够在了解情况的基础上就其养老金储蓄、投资和处理做出正确的决定；另一方面，还旨在协助美国政府的有关部门对私有雇员养老金计划遵守《雇员退休收入保障法》各项要求的情况进行有效的监督和监察。雇员养老金计划的各种文件包括雇员养老金计划的简介书、计划参加者要求获得有关文件

---

[1] 对于封闭式的 DC 计划，个人选择投资组合方式；开放式 DC 计划，个人选择投资管理人和资产配置方案。

的书面要求以及为计划参加者提供的重大改动的说明。

案例分析：查尔斯·豪等人诉 Varity 公司案[①]。

美国《雇员退休收入保障法》向来以规制严苛而著称，对于企业年金计划的信息披露和受托人的忠实义务有着详尽的规定，在企业年金计划的内外部治理中发挥着重大作用。下面的案例是对受托人违反信息披露制度的一个典型判例，对于其他国家的企业年金计划治理有着积极的借鉴作用。

查尔斯·豪是美国 Massey—Ferguson 有限公司的员工，该公司主要生产农用设备，是 Varity 公司下属的一家全资子公司。查尔斯·豪和他的同事参加了 Massey—Ferguson 公司举办并作为受托人的合格养老金计划。在 20 世纪 80 年代，Varity 公司决定将 Massey—Ferguson 公司并入新成立的 Massey Combines 子公司中。Varity 公司为新公司成立了一个名为"阳光工程"的养老金计划以取代原 Massey—Ferguson 公司的养老金计划。为了劝说原 Massey—Ferguson 公司的员工接受新的企业和养老金计划，Varity 公司保证说，只要自愿转移到新计划中，新计划提供的福利待遇同原公司计划是一样的。为此，大约 1500 名雇员相信了 Varity 公司的许诺自愿转移到新计划中，同时 Varity 公司接受了原 Massey Combines 4000 名已退休员工的养老金债务。不幸的是，新公司 Massey Combines 在第一年就亏损 8800 万美元，第二年就陷入破产的境地，员工的养老金待遇受到极大侵蚀。为此包括查尔斯·豪在内的原 Massey—Ferguson 公司将 Varity 公司告上法庭，要求补偿其在原养老金计划中的福利待遇。经过美国高等法院审理，法庭认为 Massey—Ferguson 和 Varity 公司作为计划受托人，没有如实向员工披露新成立公司的财务状况，隐瞒了财务上的一些严重问题，目的是诱使员工到新公司工作，公司向员工披露的不实信息违反了美国《雇员退休收入保障法》，应当补偿计划成员的损失。

从本案例的案情可以看出，Massey—Ferguson 公司以及新成立的"阳光工程"的企业年金计划实际上均采取了内部受托方式，前者的受托人为 Massey—Ferguson 公司，后者的受托人为 Varity 公司。从年金计划治理的角度看，在此案例中，Massey—Ferguson 和 Varity 公司作为计划受托人至少违反了三项法律规定。首先，在传统的信托法律国家，企业年金计划受托人负有一般忠实义务，要求受托人管理计划基金只能为了受益人的唯一利益，严禁受

[①] 资料来源：http://www.law.cornell.edu/，2008 年。

托人为自己捞取任何好处。而 Massey-Ferguson 和 Varity 公司目的是诱使员工到新公司工作，并不惜牺牲受益人的养老金待遇。其次，Massey-Ferguson 和 Varity 公司是关联公司，Massey-Ferguson 公司为了劝说员工加入新成立的 Massey Combines 公司，以代理人身份同其母公司进行交易，将原计划的资产和人员转移到新成立的公司名下，出于非正当目的侵害了 Massey-Ferguson 公司年金计划的资产，是典型的非公允关联交易。最后，在终止原计划参加新计划这一关系受益人利益的重大事项中，Massey-Ferguson 和 Varity 公司自始至终均没有向计划受益人披露关键事实甚至刻意隐瞒财务状况，严重违反了受益人的知情权和信息披露责任。在信托型年金计划中，受托人作为治理主体，理应对计划承担最终责任。鉴于此，查尔斯·豪等人采取了一种比较正式和严格的纠错机制，即通过诉讼程序要求 Massey-Ferguson 和 Varity 公司赔偿，维护自身养老金权益，美国高等法院的判决公正，有助于该年金计划受托人及时纠正，维护受益人权利。

3.5.2.3 政府与法规监管

企业年金治理结构的完善离不开外部的监管体系。首先，监管当局的法律法规等监管制度是企业年金治理结构设置的依据；其次，监管当局的监管模式和监管手段会影响企业年金治理机制的作用发挥，先进的监管手段不但能弥补年金计划内控制度的缺陷，还能够进一步提升信息披露的质量和数量。OECD 曾经把建立有效的现代公司治理结构框架的任务盯在了各国政府身上，把建立有效的现代公司治理结构的任务留给了各个国家的行政立法者、监管者和公司身上（Shelton，2001）。甚至有学者认为，现代公司治理的主体有两个：一个是宏观治理主体，即国家；另一个是微观治理主体，即公司。由此可见政府在各国公司治理中的重要作用。企业年金治理和公司治理有相同之处，笔者不认同混淆国家和政府的监管职能与企业年金治理主体的观点，但是必须承认，政府与法规的监管对于构建良好企业年金计划治理结构的意义重大。由于企业年金的特殊性，许多发达国家始终都对企业年金实行严格的监管。对于发展中国家或正处于经济转型时期的国家而言，政府不但承担着建立企业年金治理法律政策环境的重任，而且还承担着保障和完善整个系统有效运行的重任，所以在这一时期政府对企业年金的监督管理显得格外突出和重要。

政府应通过制定与企业年金计划相关的法律法规，对计划受托人和有关"当事人"提供监督和惩罚机制，规范计划受托人的行为并对其形成有效约束，从个人部分解决信息不对称和市场非完全竞争引起的道德风险和逆向选择,更好地保护受益人的利益。世界各国对企业年金计划的监管模式可以分为两种,一是"积极"或"预防"的管理模式①(Proactive or Preventive Regulation Model),二是"反应"或"更正"型的管理模式②(Reactive or Remedial Regulation Model)。实施信托型企业年金计划的盎格鲁－撒克逊国家一般采取第二种监管模式。这些国家对年金计划的监管都强调依据审慎性原则强化对受托人的责任约束。从监管内容来看,主要包括审查企业年金计划发起人、计划托管人的资格;审查计划是否符合税收优惠要求;保护计划参加者的各项权利,计划日常经营监管;基金投资监管;监督计划是否符合最低筹资要求或最低收益性要求;等等。从监管的机构来看,一般采取分散化监管,由政府多个部门协调进行。如在英国,企业年金计划所涉及的政府监管部门主要有国内税务署、职业年金管理局(OPRA)、金融服务局(FSA)、年金补偿委员会(PCB)等。美国企业年金计划主要由三个部门进行管理,它们是税务局、劳工部和养老金担保公司(PBGC)。澳大利亚的监管部门主要是四个:审慎性监管局、证券和投资委员会、税务局和竞争与消费委员会。从监管的法律来看,由于信托型企业年金计划涉及的金融领域较多,因此各国适用于年金计划的法律也比较多,但是盎格鲁－撒克逊国家一般都制定了针对年金计划的专门法律,该专门法律成为监管年金计划最为重要的法律手段,如英国 1995 年的《养老金法案》、美国 1974 年的《雇员退休收入保障法》、澳大利亚 1993 年的《养老金行业监管法》以及与之配合使用的《养老金行业监管条例》。

3.5.2.4 中介机构参与监管和行业自律机制

如果说政府与法律监管对于年金计划治理是必要的,那么中介机构参与监管和行业自律机制对年金计划治理则是有益的补充。在国外,由于企业年金计划的数量众多,运行机制复杂,监管机构无法也不可能对每个计划都进行全方位的直接监管。2003 年 3 月 31 日,英国登记的 101014 个活跃计划成员达到 4000 多万,其中许多成员不止是一个计划的成员。澳大利亚 2003 年有超级年金计划大约 27 万个,其中绝大多数计划成员不超过 5 人③。面对数量如此庞

---

① 该模式采取先发制人的方式,从年金计划的建立到计划的运行、投资及其他各个方面都进行严格的规定和严密的监管。
② 该模式下政府监管部门一般在年金计划的运营或管理出现问题之后才对所出现问题进行管理和更正。
③ 邓大松、刘昌平:《中国企业年金制度研究》,人民出版社,2004 年,第 79 页。

大的企业年金计划,中介机构和行业自律机制必须参与监管。由于精算师、审计师等中介机构在企业年金计划运营过程中掌握着计划的第一手信息,具有信息资源优势,因此必要时,可以及时对发现和披露侵犯受益人利益的行为和信息直接向监管机构报告。同时,通过行业协会的自律机制制定行业行为规范、倡导良好的行业风范,有利于对计划受托人和其他提供相关服务的"当事人"行为进行监督,这相当于是对政府监管的低成本替代。

3.5.2.5 保险补偿机制

保险补偿机制作为一种外部治理机制,其建立的目的是在年金基金发生因受托人或投资管理人的渎职或错误行为造成受益人利益损失,或者因企业在财务上的困难无法支付计划所承诺的给付水平时,给予计划受益人和计划成员相应的补偿。这种机制一方面降低并分散了计划基金偿付能力不足的风险;另一方面,该机制将保险公司和养老金担保机构对受托人和其他相关"当事人"监督引入外部监督,有助于改善信息披露并约束计划受托人、投资管理人等的行为,从而更好地保护受益人利益。

从实施信托型企业年金计划国家的实践来看,信托型企业年金计划的保险补偿机制主要有两种,即根据法律要求建立的商业保险机制和非营利性质的基金补偿机制。

美国《雇员退休收入保障法》要求每一个企业年金计划受托人和任何处理计划资产或其他财产的个人或机构必须购买忠诚保险（Fideliyt Bond）。所需购买忠诚保险的数额是根据一个年金计划的财政年度开始时资产的价值所决定的[①]。一般忠诚保险的数额最起码要等于计划资产的 10%,但无论在何种情况下,不得少于 1000 美元。忠诚保险的数额还可根据不同的受托人和其所管理的计划资产的不同价值而有所不同。英国虽然没有明确要求年金计划受托人购买责任保险,但是大多数受托人都倾向于购买该种保险。此外,美国的企业年金计划还可以就计划资产本身购买保险,防止因受托人失职造成的损失,这类保险只为计划提供经济损失保障,不对受托人应负责的法律责任提供任何保护。同时,美国的企业年金计划还可以要求为其提供相应服务的金融机构购买失职保险,当金融机构因失职造成计划基金的损失时,为失职金融机构提供保险的保险公司补偿计划基金的损失。

在欧美国家,DB 型企业年金计划依然十分普遍。DB 型计划的投资风险

---

① 林羿:《美国企业年金的监督与管理》,中国财政经济出版社,2006 年,第 177 页。

一般由雇主来承担，对基金的精算平衡要求很高。为了保证DB型计划的受益人和成员享有最基本退休福利，避免因计划在终止时无力支付养老金，美国在1974年成立了养老金担保公司（PBGC）。PBGC是为DB型计划在计划终止时提供养老金给付保险的非营利性国有公司，职责是承担破产企业及破产企业年金计划的允诺养老金债务，其经费来源于企业年金计划缴纳的保险费、破产企业年金及企业的存量资产。作为一个准政府机构，与一般企业不同的是，PBGC的行政管理费由政府开支，并拥有执法权、稽查权以及向美国财政部借款的权利。从这些权利来看，事实上PBGC已成为监管美国企业年金计划的一个准政府机构。

4 我国信托型企业年金治理中的缺陷与成因分析

4.1 我国企业年金历史发展与现状

4.1.1 我国企业年金历史回顾

我国企业年金发展的起点是 20 世纪 90 年代初,具体标志是 1991 年国务院颁布的《国务院关于企业职工养老保障制度改革的决定》(国发〔1991〕33 号),该决定首次提出了"国家提倡、鼓励企业实施补充养老保险"。此后 1994 年全国人大通过的《中华人民共和国劳动法》用法律形式规定"国家鼓励用人单位根据本单位实际情况,为劳动者建立补充保险"。1995 年劳动部又根据上述规定,制定并下发了《关于建立企业补充养老保险制度的意见》,明确和规范了有关政策,对企业建立补充养老保险的基本条件、决策程序、资金来源、管理办法等提出了指导性意见,形成了我国补充养老保险的基本政策框架,从而极大地推动了这项制度在全国各地的发展。

1997 年和 1999 年国务院又分别在《关于建立统一的企业职工基本养老保险制度的决定》(国发〔1997〕26 号)和《国务院批转整顿保险业工作小组保险业整顿与改革方案的通知》两个重要文件中,再次强调各地和有关部门要在国家政策指导下,大力发展企业补充养老保障,并明确界定企业补充养老保险属于商业保险范畴。2000 年国务院在《关于完善城镇社会保障体系的试点方案》中,将企业补充养老保险正式更名为企业年金,明确规定企业缴费在工资总额 4%以内的部分,可以从成本中列支,基金实行市场化管理和运营的原则也得到了确立。此后,我国企业年金的发展逐步升温。

2004 年是我国企业年金计划发展的关键一年,也是有关企业年金计划法律法规出台较为密集的一年。当年 5 月 1 日由劳动社会保障部会同银监会、保监会、证监会等部门颁布实施的《企业年金试行办法》和《企业年金基金管理试行办法》(以下简称两法)首次对我国企业年金计划的制度运行框架、操作环节、监管细节等各方面都做出规范，确定了我国企业年金计划的主流模式为信托型计划，标志着我国企业年金的发展进入一个新的阶段。2004年8月份劳动和社会保障部制定出台了《企业年金基金管理指引》，成为企业年金基金依法操作的规范文本。同时，《关于企业年金基金证券投资有关问题的通知》(劳社部发〔2004〕25号)、《企业年金基金管理运作流程》(劳社部发〔2004〕32号)、《企业年金基金账户管理信息系统规范》(劳社部发〔2004〕32号)、《企业年金基金管理机构资格认定专家评审规则》(劳社部发〔2004〕32号)和《企业年金基金管理机构资格认定暂行办法》(中华人民共和国劳动和社会保障部令第24号)等也在当年相继出台。这些法规为我国企业年金计划开始正式进入市场化运营铺平了道路。

4.1.2 我国企业年金发展现状——兼评2004年以来治理情况

从1991年建立企业补充保险开始，经过十几年的改革探索，我国企业年金计划的参加人数以及基金规模逐年增加，尤其是2004年劳动社会保障部颁布《企业年金试行办法》和《企业年金基金管理试行办法》以来，企业年金基金管理逐步规范，制度建设取得明显进展，具体表现为：企业年金制度框架雏形已经基本形成，企业年金基金治理结构不断完善，市场运营机制初步建立[1]。截至2006年底，中国已有2.4万多家企业建立了企业年金，年金规模达910亿元，受惠员工964万人。基金规模比2005年增加了230亿元，比2004年翻了一番以上，这其中有158亿元是按市场化方式管理运营，而需要移交的存量企业年金尚有700多亿元[2]。从地区分布看，沿海和发达省份明显快于内陆落后省份。上海、广东、浙江、福建、山东、天津和北京等省市的基金积累都已超过亿元。从行业分布来看，目前我国存在的企业年金计划主要是大企业或行业（主要是电力、石油、有色、银行、邮电、交通、民航等）年金计划，即单个大型企业（集团）或者行业内各个企业联合成立职工理事会，由理事会负责年金的投资和委托投资，例如扬子石化从1994年起设立的企业年金，规模大约为7亿~8亿元，平均年收益率为10%。北京、上海和深圳等地还存在区域性企业年金计划，这类计划是企业将年金委托给地方社保，由地方

---

[1] 郑秉文：《警惕企业年金受托人"空壳化"现象》，《中国证券报》，2007年8月8日。
[2] 何伟：《中国企业年金：从失范走向规范之路》，《上海证券报》，2007年5月14日。

社保再委托给基金公司运作。还有一些地方工会组织建立的职工互助性质的养老基金，但规模不是很大。再有就是一些企业以购买商业团险的方式为职工建立的养老计划，这种方式下可以实现企业自有资产与养老基金的分离，在运作方式上类似于国外契约型的企业年金计划，但还不是一种完全意义的企业年金计划，其地位相当于国外第三支柱的补充保险计划。

总体来看，自2004年两法出台以来，我国企业年金计划的治理结构不断得到了完善。企业年金治理借鉴国外的先进经验，通过确立年金基金的受托管理模式，进一步强化了基金资产的独立性，明确界定了受托人的法律责任，体现了对受益人利益保护的基本原则。受托人的治理主体地位也得到了认同，由受托人负责最终受托责任，账户管理人、资金托管人和投资管理人各司其职、相互制约的管理模式日益成为年金管理的主流和模板。同时，基金托管制度得到了有效实施，企业年金基金和当事人各方资金分离，保证了资金托管人对受托人和投资管理人的监督。但是，几年来我国信托型企业年金计划的治理实践中也出现了一些问题，值得我们认真思考。

4.1.2.1 机构受托人的地位弱化，以受托人为中心的治理体系还未有效建立

由于市场竞争的原因，仅仅拥有受托人资格、无法提供账户管理和投资管理的受托人往往无法实现业务上的盈利，没有集团背景支持的受托人不可能长期立足于年金市场，这对于受托人有效履行信赖义务也是不可想象的。受托人自身生存都存在问题，自然也无法有效管理投资管理人、账户管理人等其他当事人，治理主体的功能严重弱化。

4.1.2.2 信托模式法定地位的确立，忽视了我国保险公司一直以来以契约方式经营团体养老保险的历史传承

由于保险公司不具备受托人资格，信托模式将保险公司排除在外，给其业务经营带来了较大冲击。保险公司只有采取成立养老保险公司的变通做法来经营企业年金业务。

4.1.2.3 缺乏集合企业年金计划的制度安排使得广大中小企业无法加入企业年金计划

由于单一信托型企业年金计划的成本比较高，目前广大中小企业只能望而兴叹。占GDP55%和全部就业人口75%的230万家中小企业中，举办企业年

金计划的不到 100 家，仅占中小企业的 0.4%，资产总额不到 1%①。

4.1.2.4 政府监管力量薄弱

至 2008 年，社保基金和企业年金均由劳动社会保障部基金监督司这一个机构监管，其中负责监管企业年金的只有寥寥数人，不仅监管人员数量少，而且监管负担极其沉重，根本无法满足企业年金市场监管的需要，形势严峻，隐藏着较大的金融风险。

4.1.2.5 实现新旧管理模式的接替始终是完善企业年金治理的重要内容，也是年金计划规范运营最重大的挑战

为了尽快改善地方社会保险经办机构和行业经办机构管理的传统的企业年金计划，2006 年 9 月 14 日劳动和社会保障部正式对外发布了《关于进一步加强社会保险基金管理监督工作的通知》（劳社部发〔2006〕34 号），通知明确规定"社会保险经办机构不再接收新的企业年金计划，新建立的企业年金计划要由具备企业年金基金管理资格的机构管理运营；劳社部令 20 号、23 号颁布前建立的企业年金计划，要在 2007 年底之前移交给具备资格的机构管理运营"。2007 年 4 月 24 日，劳动和社会保障部颁布了《关于做好原有企业年金移交工作的意见》（劳社部发〔2007〕12 号）文件，要求由社会保险经办机构、原行业管理的以及企业自行管理的原有企业年金均应移交给具备资格的机构管理运营，移交工作在 2008 年底前完成。该法规对于加快企业年金市场化运营历史进程、完善计划治理结构和加强受托人管理具有明显的推动作用。从存量年金移交工作的进展来看，深圳市原企业年金管理中心的 20 多亿元企业年金资产已于 2007 年 1 月底整体移交给平安养老保险公司和招商银行。上海市的存量年金也是通过整体移交的方式，将上海企业年金发展中心所管理 7000 多家企业的 150 多亿元年金资产整体移交给新成立的长江养老保险公司管理。按照劳社部 34 号文的规定，市场上 700 多亿元的存量企业年金在 2007 年底实现移交，完成向市场化规范管理的过渡②。

总之，虽然近年来我国企业年金得到了长足发展，但是同成熟经济体的信托型计划相比，我国企业年金计划仍处于起步阶段，治理结构和治理机制都亟

---

① 郑秉文：《当前中国养老金信托存在的重大问题及其改革方向》，《中国政法大学学报》，2008 年第 1 期，第 30~48 页。

② 何伟：《中国企业年金：从失范走向规范之路》，《上海证券报》，2007 年 5 月 14 日。

待完善，与之相配套法律制度还显得相对滞后，监管的有效性和年金市场规范都还需要进一步提高。

4.2 我国信托型企业年金计划内部治理分析

企业年金计划的内部治理主要表现在计划的组织结构方面，企业年金计划的复杂委托代理关系中涉及多个"当事人"。具体到我国信托型企业年金计划中，主要"当事人"包括企业和企业职工、企业年金计划受托人、计划基金专业投资管理机构、年金基金托管银行、各类中介服务机构（包括精算师、审计师、会计师事务所等）以及综合性的监管机构（主要是劳动和社会保障部、银监会、证监会、保监会等）。2004年5月1日我国劳动社会保障部颁布实施的《企业年金试行办法》第十条规定"企业年金基金实行完全积累，采用个人账户方式进行管理"，第十五条规定"建立企业年金的企业，应当确定企业年金受托人（以下简称受托人），受托管理企业年金。受托人可以是企业成立的企业年金理事会，也可以是符合国家规定的法人受托机构"，第十九条规定"受托人可以委托具有资格的企业年金账户管理机构作为账户管理人，负责管理企业年金账户；可以委托具有资格的投资运营机构作为投资管理人，负责企业年金基金的投资运营。受托人应当选择具有资格的商业银行或专业托管机构作为托管人，负责托管企业年金基金。受托人与账户管理人、投资管理人和托管人确定委托关系，应当签订书面合同"。以上三条规定实际上确定了中国信托型企业年金计划实行的是DC型管理，同时也规定了主要当事人之间的法律关系。具体而言，我国企业年金治理结构包括两种法律关系：一是企业、职工委托人基于对受托人的信任，将其财产权委托给受托人，由受托人按委托人的意愿以自己的名义，为受益人的利益或者特定目的，进行管理或者处分，从而建立与受托人的信托关系。二是受托人与账户管理人、托管人、投资管理人建立的委托代理关系，账户管理人、托管人、投资管理人按照受托人的委托，为企业年金计划的运营提供相关的专业管理服务。根据《企业年金试行办法》规定，计划的托管必须由专业托管银行或专业机构担任，不得和投资管理人为同一人。而受托人是否将除受托管理之外的投资管理和账户管理等业务委托给专业机构则根据受托人的实际管理能力而定，并没有强制性规定。只要受托人符合账户管理人和投资管理人的资质条件就可也提供相应的捆绑式服务。

4.2.1 责任识别

目前对我国企业年金计划参与主体之间的责任认定主要根据是 2004 年劳动社会保障部颁布的《企业年金试行办法》和《企业年金基金管理试行办法》。上述两法规范了信托型企业年金的运行程序和基金的法律地位,对受托人、托管人、账户管理人以及投资管理人的责任、权利、义务以及各当事人的关系做了描述和界定。《企业年金试行办法》第十八条和第十九条明确规定"确定受托人应当签订书面合同""受托人与账户管理人、投资管理人和托管人确定委托关系,应当签订书面合同"。从治理的角度看,两法对于参与计划的当事人职责认定做了一个初步的框架,也对企业年金治理结构中参与管理的机构规定了最低的资格或资质要求。但是要真正做到当事人的职责合理划分并真正付诸落实,还需要进一步细化和规范。

4.2.1.1 缺乏对企业年金计划运营目标的明确规定

对于企业年金计划运营目标和根本宗旨,我国法律制度一直缺乏明确的规定,仅仅在《企业年金试行办法》第一条规定:为建立多层次的养老保险制度,更好地保障企业职工退休后的生活,完善社会保障体系,根据劳动法和国务院的有关规定,制定本办法。在我国已发布的监管规范中也没有直截了当确定计划成员的首要地位,更没有明确指出参与年金管理各方代理机构一切行为的核心是围绕为计划成员创造更大的利益提供服务。相比之下,《OECD 企业年金治理准则》开宗明义地指出,对企业年金公司治理的监管应明确以设立企业年金是为了确保退休以后能有一个稳定的收入来源为目的。因此,我国对企业年金计划运营目标的明确规定既没有体现股东利益至上理论的要求,也没有体现利益相关者理论的要求。缺乏这些公司治理理论的指导,不利于我国企业年金计划以计划成员和受益人为核心的管理模式形成。

4.2.1.2 受托人主体地位缺失

虽然两法规定企业年金计划受托人可以是企业成立的年金理事会,也可以是符合国家规定的法人受托机构,但是这样简单的规定在治理实践上尚存在问题。企业年金理事会的法律地位始终没有明确[1],是在民政部门还是在工商部门注册,以及是否具有独立的民事行为能力等问题都还有待解决。以前企业年

---

[1] 马玉荣:《年金"治理主体"缺位,绕不开的难题》,《证券日报》,2005 年 8 月 9 日。

金理事会的职责都是企业的人事部门或人力资源部门代管，即使成立了一个单独机构管理，即"中心"或"年金理事会"之类的机构，也还是企业下属的一个行政部门，是一级行政层次而已，而不是具有独立民事行为能力的"法人实体"。为此，它们在对外签约时不得不常常使用工会的印章或别的有效印章，而尴尬的是，工会的法律地位本身也是十分模糊的，如遇合同纠纷，也很难独立承担起这些民事责任。这些问题不解决，年金的"治理主体"在法律上就造成了事实上的"缺位"和"真空"。企业年金治理主体缺位，企业年金计划也就无法建立以受托人为中心的规范治理结构。

4.2.1.3 对于受托人资质规定过于笼统

对于企业年金理事会，两法仅仅规定了理事会由企业和职工代表组成，也可以聘请企业以外的专业人员参加，其中职工代表应不少于三分之一。对于理事会的规模大小、理事人员的任职资格以及理事会同企业财务和人力资源等部门的关系并没有作出明确规定。这种情况下，企业年金理事会缺乏相关的配套措施和人力资源，容易引发事实上的企业对年金理事会进行行政干预、企业管理层取代年金理事会行使受托人职权的越位现象，不利于保护受益人的利益。

相比而言，《企业年金基金管理试行办法》第十二条对于法人受托机构的资质要求做了明确规定：一是经国家金融监管部门批准，在中国境内注册；二是注册资本不少于 1 亿元人民币，且在任何时候都维持不少于 1.5 亿元人民币的净资产；三是具有完善的法人治理结构；四是取得企业年金基金从业资格的专职人员达到规定人数；五是具有符合要求的营业场所、安全防范设施和与企业年金基金受托管理业务有关的其他设施；六是具有完善的内部稽核监控制度和风险控制制度；七是近 3 年没有重大违法违规行为；八是国家规定的其他条件。这种对法人受托机构资质的规定，本意是严格限制受托机构的数量和质量，防止出现受托机构良莠不齐的现象，更好地保护受益人的利益。但是这种机械地对所有机构受托人规定同样的资质条件并没有区分企业年金计划在实际中全捆绑式、部分分拆式和全分拆式运作的区别。实际上，对于全捆绑式运作的企业年金计划对于机构受托人的资质要求是最高的，如果采取一刀切的规定则在无形中抬高了企业年金在部分分拆式和全分拆式运作下对机构受托人的进入门槛。这样做的结果，一方面增加了机构受托人在获得部分分拆式和全分拆式运作下受托人资格的难度，抑制了受托人竞争市场的形成。缺少外部市场竞争压力的机构受托人也会安于现状，缺少履行自身监督职责及提高服务质量的内在动力和声誉机制。另一方面，获得受托人资格的机构受托人在同样的资质要求下也会倾向于选择全捆绑式运作以获得更多的佣金收入，从而不利于企业年金计划专业化分工协作的发展和对受托人权利的制衡。

4.2.2 受托人选举制度

在受托人中间选举一定比例的职工代表是国际上行之有效的保护受益人利益的做法。我国《企业年金试行办法》规定了理事会受托模式下，理事会成员的代表不能少于三分之一。这一规定使职工可以通过选派代表参与理事会，从而为争取权益获得席位，可以反映广大职工的意见并监督企业高层管理人员，企业年金的运作环境相对透明。但对于法人受托机构，我国的法律法规既没有规定企业的代表，也没有规定职工的代表。这同世界上举办信托型企业年金计划的国家规定法人受托机构的董事会中应有职工和企业代表的做法是不一致的。之所以出现这种局面，是因为我国的信托型企业年金计划实际上是一种混合了信托型和契约型计划特征的综合模式。按照目前学界比较流行的说法，就是在参照国际上主流模式的基础上，通过改造公司型、基金会型和契约型的基础上构建的。反映到机构受托方式上，计划发起人和受益人同法人受托机构签订的信托合同使得年金计划在受益人代表设置方面更多地呈现出开放式契约型计划的特征。开放式契约型计划典型的例子就是多数拉美国家由专业养老金管理公司管理的养老金计划，计划参加者没有代表参加养老金管理公司董事会。计划参加者和受益人完全依靠公司通过内控制度建设来进行风险管理，企业年金计划的治理质量主要取决于公司的治理结构和监管机构对公司监管的成效。值得注意的是，在拉美国家由专业养老金管理公司管理的养老金计划中，计划参加者或受益人虽然没有进入公司董事会的代表，但往往通过"用脚投票"的方式在市场上选择其他的养老金管理公司。在我国目前的制度框架下，年金计划整体上处于一种封闭式计划状态，计划参加者或受益人虽然可以选择更换受托人，但这一决定要建立在集体协商一致的基础之上，单个计划参加者或受益人在选择其他机构受托人的灵活性方面非常有限。因此，我国机构受托模式下的企业年金计划，由于缺乏透明的选举制度、受托机构中无企业和职工代表，防范和化解法人受托机构的道德风险就显得特别重要。

4.2.3 独立受托人制度

我国企业年金制度中并未设立独立受托人或独立董事。但是，国外的经验说明，设立独立受托人或董事在保护受益人利益，制约计划受托人和计划参加人、受益人之间发生利益冲突的可能，增加计划基金管理的透明度等方面发挥了巨大的作用。美国是世界上独立董事制度建立最早也是最完善的国家。独立董事制度对于美国投资基金治理完善和发展起到了至关重要的推动作用，也形成了以独立董事为核心、以控制关联交易为重点的基金治理结构模式。美国基金业独立董事制度的成功在于其制度本身设计方面的特色。一是独立董事的资格要求强调其管理教育背景、实践经验以及个人财务状况，禁止与基金有任何关联关系的人担任独立董事，以保障独立董事有足够的能力履行职责及保证其独立性。二是独立董事的选任程序上要求由在任独立董事选举和任命独立董事，这种自我繁衍机制，有利于形成一个具有独立意志的董事会。三是在董事会独立董事的构成上，要求独立董事至少要达到2/3，通过独立董事的人数比例的构成，从机制上提高独立董事的权威和地位。四是对独立董事建立有效的激励约束机制，主要是对其履职状况进行动态评估和约束；采取一系列措施保障独立董事获得有关基金管理人的真实信息；独立董事自主制定其薪酬方案，鼓励独立董事购买所服务基金的份额等。尽管独立董事制度增加了管理的监督成本并有可能降低决策的效率，但是该制度在保护尤其是封闭式基金下投资者的利益方面是有效的。

企业年金计划作为特殊的金融实体，在管理和运作方面同投资基金有很多相似之处。我国的信托型企业年金实行个人账户管理，计划受益人和参加者的地位类似于封闭式基金中的投资人地位，因此在受托理事会或法人受托机构的董事会中加入独立受托人或独立董事，建立一套完整的独立受托人或独立董事制度是十分必要的。尤其是在法人受托模式下，受托人作为有完善治理结构的金融机构，拥有自身的董事会、监事会，但是没有计划参加者和受益人的代表，在发生利益冲突时也无法充分为计划参加者和受益人的利益考虑。同时，法人受托机构的董事会也难以有效监督众多风格不同企业年金计划。由于独立受托人或独立董事的地位超然，而且具有事前监管、内部监督及与决策过程密切结合的特点，便于对内部管理实施客观公正的评价，因此必然为计划参加者和受益人提供更多有关受托人的信息，从而减少委托代理链条中因信息不完全导致的代理人道德风险，提高其工作努力程度。目前，按照我国证监会《基金管理公司章程制定指导意见》和《关于完善基金公司董事人选制度的通知》等法规的要求，我国的基金公司建立了独立董事制度，但是在基金治理实践中还存在着一些问题，主要是独立董事的地位还不明确、独立性有待加强、激励和约束机制有待完善等。我国基金治理中独立董事制度的实践为我国信托型企业年金计划引入独立受托人或独立董事制度提供了借鉴和启示。

4.2.4 内部纠错机制

内部纠错补偿机制是企业年金计划内部治理的重要内容。机构受托模式下，受托人中没有计划参加者和受益人代表，即便可以用"用脚投票"的方式重新选择新的受托机构和新的年金计划，但是这样做的代价是高昂的转换费用。因此，计划的内部纠错和补偿机制就成为计划参加者和受益人对抗不公正待遇的重要渠道。从国外的经验来看，内部纠错补偿机制可以通过设立非正式的独立仲裁或监督机构来实现，也可以通过法律诉讼程序来实现。前一种方式显然具有成本低廉的优势，而独立仲裁或监督机构也是对受托人和其他为计划提供服务的当事人一种额外的监督，为其提供了一条自我纠错的路径。采取对簿公堂的法律诉讼方式，对于惩戒违规的受托人或其他当事人具有较高的效率，但是成本也偏高。

从我国现行的"两法"来看，涉及有关纠错机制的条款规定还比较模糊。我国《企业年金试行办法》第二十一条规定：县级以上各级人民政府劳动保障行政部门负责对本办法的执行情况进行监督检查。对违反本办法规定的，由劳动保障行政部门予以警告，责令改正。第二十二条规定：因履行企业年金合同发生争议的，当事人可以依法提请仲裁或者诉讼；因订立或者履行企业年金方案发生争议的，按国家有关集体合同争议处理规定执行。

从上述规定来看，我国企业年金计划的纠错补偿机制仅仅限于计划参加者和受益人与受托人以及为计划服务的当事人对委托合同发生争议时才能启用。事实上，企业年金计划的运行涉及养老金的收取、投资、发放等诸多环节，在这一过程中，计划参加者和受益人与发起企业、受托人、投资管理人之间经常会出现各种各样的矛盾。由于合同是不完备的，企业年金计划的合同不可能囊括计划执行的所有细节。如果仅仅规定因履行企业年金合同发生争议下才能启动法定纠错程序，计划参加者和受益人对受托人和投资管理人的诸多诉求和质询就不可能通过纠错渠道解决。

从纠错机制的实现形式来看，我国实际上采用的是正式的法律诉讼程序。这一程序不但成本较高，而且对于计划单个参加者和受益人来说，在维护自身权益方面处于劣势。企业年金计划的受益人如何介入法定纠错程序，如何通过监管当局或人民法院采取法律手段维护自身的权益，都还有待探索。同时，笔者认为，我国企业年金计划纠错补偿程序适用的法律依据也值得商榷。根据《企业年金试行办法》规定，"因订立或者履行企业年金方案发生争议的，按国家有关集体合同争议处理规定执行"，集体合同争议处理的基本职能就是通过法定机构和法定程序，妥善处理企业职工与企业之间发生的争议，促进劳动关系的稳定。而企业年金计划中存在复杂的委托代理关系，需要处理的不光是职工和企业之间的争议，更主要的是计划参加者和受益人以及受托人和投资管理人的争议。因此，对于涉及企业年金计划的法律诉讼在参照集体合同争议处理的同时，还要参考信托法、合同法的有关规定，以保护计划参加者和受益人利益为原则加以处理。此外，目前对于计划受托人和其他为计划提供服务的当事人的惩戒还不完善。计划受托人违反相关规定的处罚仅仅是丧失受托人资格，对于由于受托人责任引起的受益人利益损失如何赔偿也没有相应规定。这样做的结果实际上是降低了受托人的违规成本。

上述纠错机制的缺憾在企业年金治理实践中的存在，一定程度上给受益人维护自身利益方面带来一定困难。

4.2.5 激励机制

由于企业年金计划中复杂的委托代理关系，要防止代理人的道德风险，设计和实施一套激励机制是十分必要的。

4.2.5.1 激励的一般理论分析

激励理论的发展在国外有一百多年的历史，其间也创造出了许多行之有效的管理方法。对现代企业管理影响比较大的激励理论主要有三种类型。

1. 内容型理论

其包括马斯洛的需求层次理论、赫茨伯格的双因素理论及麦克利兰的成就需要理论等。这些理论主要研究有哪些实质性内容对人有激励作用，也就是人有哪些需要，因此又被称为需要理论。

2. 过程型理论

其主要包括弗鲁姆的期望理论和亚当斯的公平理论。这些理论主要研究动机的形成、目标的选择、激励的发生和如何进行激励等问题，偏重心理过程的研究。

3. 行为改造理论

其主要以哈佛大学心理学家斯金纳的强化理论为代表，主要研究对个人行为的出现、保持或改变有直接影响的方法。该理论说明激励和绩效之间并不是简单的因果关系，要使激励能够达到预期的效果，必须注意激励方法，考虑激励内容、激励制度、公平考核等诸多方面的综合因素，并且要注意到个人满意程度在努力中的反馈。

上述三类激励理论在解决问题的角度因有所侧重而不同，但是都突破了传统经济学分析中对于代理人的基本经济人假设，三类激励理论都触及了管理心理学层面对动机、行为和心里需要的分析。在这些理论运用的范围中，代理人已经不仅仅是追求自身效用最大化的经济人，而且是具有自我实现，受社会心理因素影响的社会人，甚至是在不同情况下具有不同动机和反应的复杂人。因此在企业年金计划中，对代理人的激励必须考虑到一个国家经济法律制度的完善程度、代理人普遍的诚信程度等整体环境对代理人行为的影响，还要考虑代理人工作的特点、承担风险的能力和偏好以及代理人目标函数的多样性，在激励方式上采取灵活多样的方法，通过多种机制灵活实现。

4.2.5.2 激励的主要手段

1. 报酬激励

报酬激励包括支付给代理人以货币收入的多少来实现的激励，其形式主要有工资、奖金、津贴和福利、股权拥有、股票期权、延期报酬等。按照劳动时间或等级支付的固定报酬只能买到一个人的时间，买到按时间或日计算的技术操作，但买不到热情，买不到创造性和全身心的投入。从西方经理报酬构成来看，激励性的报酬对经营者更有吸引力，充分的激励在某种程度上也可以防止代理人的保守行为。在20世纪90年代的美国企业中，基本工资占了经理人符合报酬的33%，而长期激励（包括股票期权、受限制股票和奖励股）占了36%[①]。

2. 控制权激励

掌握经营的控制权既满足了经营者优越于他人的需要，又使得经营者具有职位特权，享受职位消费，给经营者带来正规报酬激励以外的物质利益满足。经营者所拥有的控制权大小是动态调整的过程，控制权产生的在职消费一方面造成股东财富浪费，但另一方面也对报酬激励有替代性作用，经营者在报酬较低的情况下，只要能保证较高的在职消费，职业经营者的角色仍是非常具有吸引力的。

3. 信誉激励

廉耻之心强于私利，信誉是代理人的终极激励手段。信誉是多次重复交易

---

① 刘正周：《管理激励与激励机制》，《管理世界》，1996年第5期，第45~48页。

基础上的长期信任,可以对代理人提供隐形的督促和激励,良好的信誉可以帮助代理人获得长期利益。同时,政府对代理人经营资格的严格监管可以弥补信誉缺失,对代理人来讲也是一种隐形的激励机制。

4.2.5.3 我国企业年金计划激励机制分析

由于信托型企业年金计划中多层代理关系的存在,对计划受托人、投资管理人、账户管理人、资金托管人的激励主要通过收取计划的管理费来实现,管理费实际上就是计划参加者支付给计划代理人的报酬。因此,计划管理费的设计(包括费用收取方式和对收费的数量限制等)直接影响计划代理人的动力及行为。鉴于年金计划中投资管理的特殊重要性,使用激励金来增加对投资管理人的激励也变得十分流行。另外,声誉等非物质因素也会对代理人形成一定的激励动力。

1. 收费方式的激励效果

从世界各国企业年金计划的收费情况来看,只有少数国家对计划收费水平进行了规制,大多数国家采用的市场确定收费标准的做法。企业年金计划的收费可以根据供款收费,也可以根据资产收费。前者是一种典型的前期负担的方法,供款时一次性收费,之后不再对该笔供款及其收益收取费用,只对新收取的供款收取一次性管理费用。后者则是逐年收取费用,不仅对新增供款收取费用,还对原有供款及其收益收取费用。根据供款收费和根据资产收费对于计划受托人和投资管理人、账户管理人、资产托管人等代理人的激励作用是不一致的。

首先,影响计划受托人和代理人进入年金计划市场为年金计划提供服务的积极性。供款收费在计划刚刚启动的开始阶段就可以为受托人和其他代理人提供稳定的收入,有利于其快速收回成本。因此该种收费方式有利于在计划建立初始阶段吸引更多的金融机构为年金计划提供受托管理和其他服务。而根据资产收费则只有在资产积累到一定规模后才能为计划受托人和其他代理人提供较为稳定的收入,成本回收期间较长,只有实力较为雄厚的金融机构才能承担。

其次,影响受托人和投资管理人对提高投资收益关注程度。根据资产收费有助于鼓励受托人和投资管理人努力扩大计划规模,增加计划参加者的数量,努力提高投资收益水平从而扩大计划基金的规模。根据供款收费一般只能收取一次入门费用,对后续投资收益不能再收取费用。因此对计划受托人和投资管理人而言,提高投资收益率并不能直接增加收益,直接的激励是扩大计划参加者的数量。

2. 收费的数量限制

企业年金计划的收费数量限制包括固定费用、最高费用两种形式，一般没有对收费的最低限制。固定费用结构对于不同类型计划受托人和投资管理人起到激励作用是不同的。对于计划参加者和发起企业而言，选择任何法人机构受托人或投资管理人、账户管理人和资金托管人的费率都是一样的。从理论上讲，固定费用对开放式年金计划的受托人和投资管理人的激励效果较好。因为开放式计划优良的业绩可以吸引更多的计划的参加者，在相同的费用率下可以提取更多的管理费。而对封闭式年金计划而言，固定费率水平的激励效果则不明显。因为封闭式计划仅仅依靠基金自身规模增长才能使得管理费用得到有效提高，投资收益的高低对于相同规模封闭式计划提取的管理费用影响不大，但是要想提高收益水平所付出的成本可能是巨大的，因此提高计划管理水平和投资收益水平的动力不高。最高费用限制可以限制不必要的市场价格竞争，同时提供一定的灵活空间。但是确定最高费用水平的相关数据要合理，基于一定的规模水平并考虑到投资服务主体适当的收益水平。在相关数据变化时，要予以调整。

3. 激励金对于投资管理人的激励

激励金制度是根据投资管理人的投资绩效动态支付投资管理人报酬的一种激励制度。在美国，年金计划投资管理人一般没有固定报酬，1985年11月之前，美国证券交易委员会不允许激励金报酬，投资管理人的报酬体现为管理费。目前，美国企业年金计划对投资管理人使用激励金的做法越来越流行，超过20%的计划发起人运用此制度。激励金制度的实施必须满足一定的条件。首先，计划发起人必须就合理的投资绩效基准点与投资管理人达成一致，确定获取激励金所需要的最低投资绩效水平。其次，激励金的计算方法必须详细说明，特别是基础费率、奖金以及费率上限等因素。最后，必须确定激励金的时间周期，一旦到期就要评价其投资绩效并计算相应的激励费。激励金制度的实施固然会使投资管理增加工作的积极性，但是也会鼓励投资管理人过多地承担风险，为了增加获得激励金的可能性而持有更多高风险的资产。

部分国家（地区）企业年金计划收费策略见表4-1，部分国家不同企业年金计划的收费水平见表4-2。

表 4-1 部分国家（地区）企业年金计划收费策略

收费策略	国家（地区）
无限制	澳大利亚（超级年金计划）、中国香港地区、英国（个人企业年金计划）、美国 [401（k）计划]
向低收入员工提供交叉补贴	墨西哥
对费用结构进行限制（仅允许固定费率或浮动费率，按缴费收费或按资产收费）	阿根廷、智利、匈牙利
对费用结构进行限制、设定价格上限	波兰
竞争性招标、多样化投资组合	美国（节俭储蓄计划）
设定固定费用上限	萨尔瓦多、哈萨克斯坦

资料来源：孙建勇、杨长汉：《养老金治理与投资》中国发展出版社，2007年，第243页。

表 4-2 部分国家不同企业年金计划的收费水平

国家	年份	类型	融资模式	收费/资产（%）	收费/缴费（%）
阿根廷	1999	开放式	DC	5.8 (a) 1.2 (l)	23
智利	1999	开放式	DC	1.4 (a) 0.8 (l)	16
澳大利亚	1999	封闭式	DC	1.2 (a) 0.5 (l)	9
澳大利亚	1999	开放式	DC	1.5 (a) 2.0 (l)	29
爱尔兰	1999	封闭式	DB	0.7 (a)	12
南非	1997	封闭式	DB	0.5 (a)	7
瑞士	1997	封闭式	DC	0.44 (a)	6.6
英国	1998	封闭式	DB	0.2~0.5 (a)	8~12
英国	1998	开放式	DC	1.2 (l)	24

注：（a）代表实际比例；（l）代表长期平均值。

资料来源：胡劲松：《21世纪可持续发展的养老金制度》，中国劳动社会保障出版社，2004年，第167页。

我国法律制度对企业年金计划受托人和投资管理人、账户管理人以及资金托管人的激励措施，主要体现在《企业年金基金管理试行办法》中有关费用的规定上：

第五十三条 受托人提取的管理费不高于受托管理企业年金基金财产净值的 0.2%。

第五十四条　账户管理人的管理费按每户每月不超过 5 元人民币的限额，由设立企业年金计划的企业另行缴纳。

第五十五条　托管人提取的托管费不高于托管企业年金基金财产净值的 0.2%。

第五十六条　投资管理人提取的管理费不高于投资管理企业年金基金财产净值的 1.2%。

从上述规定可以看出，在目前的法律框架下，我国企业年金计划对于受托人和投资管理人、账户管理人以及资金托管人的激励主要体现在收取的管理费。法律并没有明确说明是否禁止对投资管理人实施激励金制度。从收取方式上看，受托人、投资管理人和资金托管人收取的相应费用依据计划基金的净资产为依据来计算，而账户管理人收取的费用则是按户计算，由建立计划的企业另行缴纳。从收费数量限制上看，除账户管理费用外，是最高费率制，而非固定费率制。从激励机制的角度来看，存在如下问题。

首先，企业年金的受托费、托管费、投资管理费都是从企业年金基金中按照基金财产净值的一定比例提取的，而账户管理费则由设立企业年金计划的企业另行缴纳。法规没有规定其账户管理费用在违规欠缴情况下的处理办法。例如在企业破产、欠缴、员工离职情况下，企业、员工或是受益人无法做到"另行缴纳"账管费用。这种情况下，风险全部由账户管理人承担，在这种每户 5 元的固定费率条件下，不能满足账户管理人激励相容原则。

其次，按照资产为依据进行收费。对于受托人和为计划提供服务的其他当事人而言，初始成本回收比较难，这显然提高了受托人、投资管理人、账户管理人、资金托管人的门槛，对于大型金融机构进入企业年金市场具有激励作用，可以实现规模经济效益。但是值得注意的是，如果投资管理人管理的资产规模过大，年金计划理想的投资策略将难以得到实施，从而导致其表现较差。

最后，虽然我国的企业年金计划实行的是最高费率，但是并未建立当事人业绩和报酬的联系机制，尤其是对受托人或投资管理人的投资绩效如何同其报酬联系起来缺乏手段和管理。我国的企业年金计划类似于国外的封闭性年金计划，这种计划下，非固定性的具有激励作用的薪酬体系对于受托人和投资管理人的激励是明显的，但是必须明确对受托人和投资管理人加强监督并能客观评价投资绩效。目前我国企业年金计划显然还不具备这样的手段与机制。

4.3 我国信托型企业年金计划外部治理分析

4.3.1 市场约束机制

在公司治理理论中,市场对企业的约束主要指依靠市场力量对经营者进行约束控制,保护股东的利益不受侵害,主要包括产品和要素市场、资本市场、经理人市场以及控制权市场。市场约束机制的发挥主要是通过这些市场上的各种价格信号,提供评判企业经营绩效的信息,以此评价企业经营者行为的优劣,并通过自发的优胜劣汰的竞争机制实现对经营者的约束和控制。市场约束机制是外部治理的最主要内容,其有效性能否充分的发挥取决于市场机制本身的完善程度。具体到企业年金的治理,作为一种为老年生活提供经济保障的金融手段,企业年金计划面临的产品和要素市场是非竞争性的。比照一般公司的治理,企业年金计划的产品就是为受益人提供的理财管理,年金计划所需要的最为重要的要素是人力资本。由于年金计划往往是根据企业和员工的需求量身定做、为特定范围的人服务,同时计划的缴款期和领取期限很长,因此计划的产品是非均质和不可相互替代,也就不是充分竞争的。从要素投入来看,高质量的研究分析人才是稀缺的,这种稀缺性决定了高质量的研究分析人才和高质量的研究分析具有一定程度的垄断性,因此要素市场也是非竞争的。产品和要素市场非竞争性特征决定了该市场不能为年金计划提供监督和评价投资管理绩效的充分信息指标,无法缓解年金计划治理中信息不对称所引发的委托代理问题。此外,由于年金计划特殊的治理结构,企业年金计划不存在外部债务资本市场和股票价格波动,除非计划本身不具备偿付能力外,对计划的收购和并购并不存在,控制权市场无法对计划受托人起到明显的约束作用。综上所述,在企业年金计划的治理中,所谓市场的约束机制主要是指代理人市场对计划受托人和其他为计划提供服务的当事人的约束。

竞争性的代理人市场可以通过当期和以往的业绩信息来了解受托人、投资管理人、账户管理人和资金托管人的能力,有助于计划发起企业和计划参见者透过市场传递的信息选聘受托人以及受托人选聘投资管理人、账户管理人和资金托管人,也有利于受托人根据市场的状况和自身管理的成本与能力来权衡是否将投资管理等业务"外包"给其他代理人。代理人市场的充分竞争决定了受托人与其他为计划服务的当事人管理年金计划的业绩好坏直接与其在代理人市场上的薪酬水平和就业机会,因此会自发努力工作,提高计划的投资绩效和管理水平。代理人市场对计划受托人与其当事人的自我约束、自我监督的作用，使代理人的逆向选择和道德风险成为迟早要接受市场惩罚的不利行为，也使代理人的行为具有可比性，减少环境的不确定性，减少监督和考核成本。由于企业年金计划的存续期一般比较长，基金投资周期跨度比较大，计划的受益人和参加者与计划受托人以及投资管理人等为计划服务的代理人有足够的耐心关心未来的收益，具有良好信誉的年金计划代理人才能获得稳定的长期利益。因此声誉机制的存在也会使得计划的机构受托人、投资管理人等为计划提供服务的代理人在没有显性激励的情况下努力工作。但是，声誉的建立是交易双方多次重复博弈的结果，声誉机制充分发挥作用，必须依靠代理人之间的充分竞争、代理人的业绩信息传递足够快而且委托人有可能对代理人实施惩罚。这就要求政府对于企业年金计划的代理人市场不能有过多的管制，尤其是在市场准入方面，设置过多准入障碍将限制代理人市场的竞争程度，只有经过政府批准的代理人才能进入市场将使代理人获得垄断租金，没有积极性重视自身的信誉建设。

从我国的实际来看，由劳动和社会保障部颁布，并在 2005 年 3 月 1 日开始实施的《企业年金基金管理机构资格认定暂行办法》对我国从事企业年金基金管理业务的法人受托机构、账户管理人、托管人和投资管理等经办机构的资格认定作出了详细规定，但竞争性企业年金计划代理人市场和代理人的声誉机制还未建立。机构受托人和投资管理人市场准入壁垒较高，限制了市场的竞争。

首先，目前对企业年金经办机构资格认定实行审批制，审批的程序比较复杂，这使得经办机构成为一种稀缺资源，从而为种种寻租行为的产生提供了温床。根据《企业年金基金管理机构资格认定暂行办法》第十条规定，劳动保障部受理申请人申请后，应当组建专家评审委员会对申请材料进行评审。评审委员会专家按照专业范围从专家库中随机抽取产生。专家库由有关部门代表和社会专业人士组成。专家评审委员会对申请人申请材料按照分期分类的原则进行评审，所需时间由劳动保障部书面告知申请人。第十二条规定，劳动保障部根据专家评审委员会评审结果及现场检查情况，会商中国银监会、中国证监会、中国保监会后，认定企业年金基金管理机构资格，并于认定之日起 10 个工作日内，向申请人颁发《企业年金基金管理资格证书》。从上述规定可以看出，专家评审委员会对申请人评审的标准和评审时间都是由劳动社会保障部来确定的，具有很大不确定性。同时，评审结果还需要同有关监管部门协商，而不是在评审阶段就加入有关监管部门的意见，工作程序十分繁琐。

其次，对企业年金经办机构资格候选人的范围规定过窄，对资本要求比较高。如《企业年金基金管理机构资格认定暂行办法》第八条规定投资管理人应当具备下列条件：经国家金融监管部门批准，在中国境内注册，具有受托投资管理、基金管理或者资产管理资格的独立法人；综合类证券公司注册资本不少于10亿元人民币，且在任何时候都维持不少于10亿元人民币的净资产；基金管理公司、信托投资公司、保险资产管理公司或者其他专业投资机构注册资本不少于1亿元人民币，且在任何时候都维持不少于1亿元人民币的净资产；具有完善的法人治理结构；取得企业年金基金从业资格的专职人员达到规定人数；具有符合要求的营业场所、安全防范设施和与企业年金基金投资管理业务有关的其他设施；具有完善的内部稽核监控制度和风险控制制度；近3年没有重大违法违规行为；国家规定的其他条件。这样高的条件，限制了金融机构进入企业年金计划的代理人市场。劳动保障部2005年认定了首批37家企业年金基金管理机构的资格①，其中企业年金基金法人受托机构为5家，企业年金基金账户管理人为11家，企业年金基金托管人为6家，企业年金基金投资管理人为15家。这37家机构在国家严格的壁垒限制下，成为我国年金市场实际上的垄断者。在企业年金市场上，那些评级机构、会计师事务所等中介机构为了能够得到业务机会，也不敢轻易开罪具有企业年金基金管理机构资格的机构，造成的结果是有关年金计划基金管理机构的真实信息不能有效地向计划受益人和参加人传递。

再次，缺乏对取得企业年金经办资格的机构实施有效监督和退出机制的设计。《企业年金基金管理机构资格认定暂行办法》第十五条仅仅规定有下列情形之一的，劳动保障部应当办理企业年金基金管理机构资格的注销手续：企业年金基金管理机构资格有效期届满未延续的，企业年金基金管理机构依法解散、被依法撤销、被依法宣告破产或者被依法接管的，企业年金基金管理机构资格被依法撤销的，国家规定的应当注销企业年金基金管理机构资格的其他情形。对于经办机构违反受益人利益行为造成的损失如何补偿以及什么样的违规行为导致经办机构自行丧失经办资格并退出市场，法规并无详细说明，在一定程度上导致了经办机构缺乏积极工作的市场压力，在追求短期利益而不惜牺牲自身声誉方面自然也缺少对长远利益的考虑。

---

① 劳动保障部2007年8月22日宣布，将于9月开始受理第二批企业年金基金管理机构资格申请，这次拟认定大约20家，其中法人受托机构6家左右，账户管理人5家左右，托管人4家左右，投资管理人5家左右。

4.3.2 强制性的信息披露机制

根据前文分析,信息披露和报告制度有利于解决信息在委托代理双方的分布不对称,从而降低代理人的道德风险,提高其工作努力程度。同时成功的企业年金计划监管体系也必须以完善的信息披露和报告制度为依托。完善的信息披露制度和报告制度的强制性规定可以来自监管当局的法律法规,也可来自企业年金计划受托人所组成的行业协会等。行业协会往往为许多信息披露和报告提供原则性方案并监督实施,这些原则方案往往成为受托人共同遵守的准则。

强制性的信息披露和报告制度有利于降低计划受益人和计划参加者以及监管部门的信息搜寻成本,在一定程度上解决委托代理问题。但信息构成往往呈现着层次性特点,分为内幕信息、有限披露信息和完全公开信息三个层次。由于制度的成本是信息分散度的逆函数,信息披露制度的实施会带来信息分布结构的调整,信息公开程度越高,制度成本也越高;换句话说,信息过于屏蔽固然有害,但过多地披露将使得企业年金基金运作过于透明,增加基金的投资成本,造成投资信息及研究成果的泄漏,从而有损于年金计划的利益和信心而导致系统风险的产生,这有悖于维护计划受益人利益的初衷。因此,信息披露并非越多越好,要综合衡量信息披露制度的实施成本和社会成本,围绕信息披露机制的目的,在满足受益人和计划参加者对计划运作有一个清晰的判断以及监管当局的监管要求基础上,达到披露信息分布的合理均衡。过多过频的信息披露和报告反而会制造信息噪音并增加计划运作成本,损害受益人和计划参加者的利益。

4.3.2.1 国外企业年金计划的信息披露和报告制度

信息披露机制要求治理机构对年金计划细节的任何重大变动都要向所有各方(主要是计划参加者、受益人和监管当局)清晰、准确、及时地披露。而有效的报告机制要求在企业年金计划中涉及的所有"当事人"和所有实体之间建立其报告渠道,以确保相关的准确信息得以有效及时传播。

2005 年出台的《OECD 企业年金治理准则》强调信息获取和披露的有效性,对企业年金计划提出了明确的信息披露和报告标准,即在所有养老金管理的个人和机构中应该建立通畅的报告渠道,以确保信息能够合理、及时、准确、完整、持续、简明地传递给精算师、资产管理人、咨询师、托管人和其他专业服务机构。养老金治理主体必须清晰、准确、及时地披露相关的信息给所有的参与人,包括计划成员、受益人、监管当局等。信息披露的内容包括发起人和参与人的缴费标准、可能存在的投资承诺或利益保证、成员所需支付的费用、DB 计划下简明易懂的投资策略说明等。同时，《OECD 关于企业年金监管核心准则的建议》和《OECD 保障企业年金成员和受益人权益的指引》还补充有计划文件、年度账户报告、年度财务报告和精算报告，为每个成员提供及时、独立的账户收益报告。

各国对企业年金计划的信息披露制度一般都涵盖计划运作的主要环节，以避免在关键环节上出现"暗箱操作"。美国的企业年金信息披露与报告制度主要由三大部分组成。

1. 计划建立的各种文件和解释

根据 ERISA 的要求，企业年金计划必须为受益人和参加者准备计划简介书，用通俗易懂的语言全面而准确地介绍计划各方面的情况，使参加者和受益人能清楚地了解其责权利。同时，计划参加者还可以索取受托人管理人合同及其他有关计划建立和运行的各种文件资料。

2. 计划运行中的年度报告及其说明

根据 ERISA 第 103 节要求，企业年金计划每年必须向政府有关部门呈交年度报告。第 4065 款还规定，购买了养老金给付保证保险的 DB 计划每年要向 PBGC 呈送年度报告。此外，《税收法》第 6058（a）节还规定任何享有税收优惠的计划每年必须向税务局呈交年度免税报表。以上三个年报都可以通过计划每年向美国税务局所呈交的 5500 表来实施。

3. 有关计划终止的通知和报表

如 DB 计划终止时不仅须提前向计划当事人提供书面通知，还须向 PBGC 提供特别信息。计划终止后，计划资产没有被完全支付完毕前，计划的管理人就须要向税务局继续呈交 5500 表。

相比之下，拉美国家的信息披露规定更为广泛和详细。通常养老金管理公司要定期（期限短于一年）向受益人提供报表，报告缴费额、账户金额、收益等情况，每年基金管理公司还要公告公司经营活动和管理结构，基金管理公司还要向监管部门提供投资业务的日报和整体业务的月报。

发达的市场经济国家还十分强调发挥中介组织对企业年金计划信息披露的作用。计划年报中的许多信息往往由独立的精算师和审计师提供。受托人、基金管理人、托管人的财务报表必须接受独立审计机构的审计，受托人必须聘请外部专业精算师对其偿债能力进行评估，受托人、基金管理人和托管人的资信等级必须经信用评级机构的评定。例如在英国，精算师必须每 3 年计算一次计划资产的精算价值,并且在计划年报中提供有关增加给付安全性的年度精算凭证。他们还必须对计划基金最低偿付水平的执行情况作出结论。精算估价报告必须在价值有效的 12 个月内送交给受托人。

4.3.2.2 我国企业年金计划信息披露和报告制度分析

我国企业年金计划的信息披露和报告制度主要体现为三个层次。

其一,以受托人为中心,账户管理人、基金托管人和投资管理人向受托人披露提交报告。我国《企业年金基金试行办法》第 61、62、63 条规定:账户管理人应当在每季度结束后 10 日内向受托人提交季度企业年金基金账户管理报告,并应当在年度结束后 30 日内向受托人提交年度企业年金基金账户管理报告。托管人应当在每季度结束后 10 日内向受托人提交季度企业年金基金托管和财务会计报告;并应当在年度结束后 30 日内向受托人提交年度企业年金基金托管和财务会计报告,其中年度财务会计报告须经会计师事务所审计。投资管理人应当在每季度结束后 10 日内向受托人提交经托管人确认的季度企业年金基金投资组合报告;并应当在年度结束后 30 日内向受托人提交经托管人确认的年度企业年金基金投资管理报告。

其二,受托人作为治理主体向委托人(主要是发起企业和计划受益人和计划参加者)披露提交报告。根据《企业年金基金试行办法》第 60 条规定:受托人应当在每季度结束后 15 日内向委托人提交季度企业年金基金管理报告;并应当在年度结束后 45 日内向委托人提交年度企业年金基金管理报告,其中年度企业年金基金财务会计报告须经会计师事务所审计。

其三,受托人、账户管理人、托管人和投资管理人向监管部门披露提交报告。《企业年金基金试行办法》第 59 条规定:受托人、账户管理人、托管人和投资管理人应当按照规定向有关监管部门报告企业年金基金管理情况,并对所报告内容的真实性、完整性负责。

从以上规定可以看出,我国企业年金计划的信息披露和报告制度基本上构建起了计划参加者、受益人和监管当局之间的信息渠道。但是,从整体而言,我国关于企业年金计划的信息披露要求是比较粗线条和原则性的,不同程度上存在着以下一些问题:

1. 信息披露的对象主要是监管当局,对于受益人的主动信息披露机制还没有建立

从目前我国相关法律法规可以看出,企业年间计划相关主体对受益人披露信息的方式还是以被动方式为主,主动方式比较少。在受益人有获知某些披露

信息要求时,需要受益人自己查询。这种情况下,受益人对计划的真实运作情况无法及时获知,也无法有效分辨计划受托人的管理能力。

2. 信息披露层次和渠道单一,对于违法行为的信息缺乏有效的发现机制

我国企业年金计划的信息披露一般都是计划运营机构以被动的形式对外发布,对于侵害受益人利益的违法行为信息往往不能及时发现。但在国外的年金计划实践中,信息披露的层次和渠道被大大拓展了。最为有效的两个途径就是精算师和审计师的"吹哨"机制(whistle-blowing)和计划成员的抱怨机制(member complaints)。英国的《1995年养老金法案》要求精算师和审计师向监管当局直接报告计划受托人与法律相冲突、违反年金规则的内容、侵害计划受益人利益等的事项。同时,英国职业年金计划的成员可以直接将自己对计划的意见和不满通过职业年金咨询局或年金计划民意调研员反映给监管当局。英国的职业年金咨询局或年金计划民意调研员一般都是由专业人士组成的非官方组织,这些结构的存在,完善了计划信息披露的层次和渠道,有助于及时发现违反受益人利益的行为,也进一步帮助监管当局完善了监管体系。

3. 缺乏对计划运作中的关联交易披露

目前我国法律法规仅仅要求企业年金计划投资管理人管理的基金资产投资于自己管理的金融产品必须经受托人同意,企业年金计划基金不得用于信用交易,不得用于向他人贷款和提供担保[①]。对于企业年金计划中可能引起利益冲突的关联交易如何定义,如何防范还没有明确,更谈不上对关联交易进行信息披露。实际上,在计划实际运作中,可能引起利益冲突的交易种类和交易范围远远不止目前《企业年金基金试行办法》中的规定,例如同一法人受托机构管理不同企业年金计划之间的交易或共同交易,可能会损害计划受益人的利益。因此,对企业年金计划的信息披露中逐步增加有关关联交易的披露要求,进一步丰富披露内容,揭示关联方的背景资料是完善计划信息披露制度的客观需要。

4. 计划重要会计信息披露的内容不规范

企业年金的运行经历了两个会计主体,计划费用计算和缴纳隶属于企业财务会计核算的范畴,它的会计主体是企业,此时缴纳基金的企业必须根据计划的要求定期在企业财务报告向计划参加者和受益人披露反映企业年金基金的计

---

① 中华人民共和国劳动和社会保障部:《企业年金基金试行办法》,2004年,第50、51条。

缴以及年金计划的执行情况。企业年金基金投资和给付隶属于基金会计的核算范畴，它的会计主体是企业年金基金本身，此时基金受托机构必须根据年金计划的要求通过定期报告、不定期报告或其他披露文件向每个年金计划参与者以及委托人、账户管理人、投资人、监管当局反映企业年金的营运成果和净资产增值情况。由于我国缺乏对计划强制性信息披露内容的规定，企业缺乏自愿披露的动机，披露的内容也不尽相同，投资收益率及投资绩效有关信息、年金基金管理费用等往往不甚明了。

4.3.3 政府监管及其行业自律管理

4.3.3.1 企业年金计划治理的特点与政府监管必要性

公共利益理论从自然垄断、外部效应和信息不对称三个市场失灵现象来论证政府监管的必要性。市场失灵导致金融资源配置不能实现"帕累托最优"，金融监管作为一种公共产品，是一种降低或消除市场失灵的手段。

从企业年金计划治理角度来看，由于对计划的治理和对计划管理人员与机构的监督对于计划受益人和参加者而言具有明显的公共产品的特点，相对于计划发起企业和受托机构，计划受益人普遍存在着搭便车的心理，从而造成一定程度的市场失灵。具体而言，首先，由于企业年金非强制性，年金发起企业处于垄断地位。企业年金如果在缺乏政府管制的环境中运作，可能会被发起企业作为控制年金参与员工的一种手段，比如企业可以通过控制年金账户转移权来限制年金参与员工转换工作，从而控制年金参与员工流动，进而影响整个劳动力市场的自由流动，这与我国建立全国统一的劳动力市场目标相违背。另外，发起企业和受托人相对员工而言处于垄断地位，从而可以控制年金参与员工采取"用脚投票"的方式对企业年金计划治理主体或管理人施加压力，受托人可以不受限制地使用企业年金基金，而不是努力使企业年金资产保值、增值。所以，员工自身并不足以消除发起企业和受托人因垄断地位而产生的市场失灵，政府监管是必要的。其次，企业年金运营中的外部效应显著，企业年金基金本身需要进入资本市场进行投资，达到保值增值目的，与银行、基金公司等机构关系紧密，如果没有完善的监管体系，年金基金可能会受到银行等其他金融机构（年金运营机构）危机的影响，导致基金资产价格下跌，使年金计划失去偿付能力；并且还可能因为多米诺骨牌效应而波及其他企业年金计划参与者的信心，减少企业年金基金的缴费，或者提前退休和集体退休而导致基金支付需求陡然增加。所以，企业年金营运机构倒闭的社会成本高于个别成本，它对经济和社会稳定产生巨大破坏作用，政府必然介入企业年金监管。最后，企业年金运营中，年金受益人与受托人、投资管理人之间信息不对称，仅通过市场很难得到关于年金计划的充分信息，从而引发受托人和投资管理人的逆向选择和道德风险。政府监管是弥补信息公开不足的有效手段，尤其是政府监管所提供的强制性信息披露可以有效降低信息不对称双方的交易成本，防止年金计划受益人与企业年金"四种人"——受托人、投资管理人、账户管理人、托管人之间由于信息不对称所造成的"道德风险"行为[①]。

4.3.3.2 国外企业年金监管模式的发展

前文已经述及世界各国对企业年金计划的监管模式可以分为两种："积极"或预防的管理模式，"反应"或"更正"型的管理模式。前者根据严格限量原则对企业年金基金投资实行较为硬性的管制，作出较为明确的限制和规定，包括对市场准入资格的限制，对合同条款的管理，对投资组合等都制定一些指导性原则，其核心就是通过对企业年金基金投资的资产实行比例限制，以达到控制投资风险、保护受益人利益的目的。因此这种监管模式也被称为严格数量限制模式。

"反应"或"更正"型的管理模式反映到投资管理中，则要求企业年金基金的投资管理人按照"审慎人"的原则，在投资时诚实和细心，应审慎地、细心地履行自己的职责，关注他们基金的长期头寸以及投资资本的收益和投资安全，因此这种模式也被称为审慎性监管模式。

从严格数量限制监管模式的具体运作来看，它秉承的是合规性监管理念，即监管机构在监管过程中重点监督参与人的行为结果是否符合规定。这种理念体现在年金监管中就突出地表现为过度注重年金投资的安全性，这在资本市场不发达、年金基金规模不大、监管条件不成熟的情况下是一种行之有效的监管理念。但随着资本市场在深度和广度上的拓展、金融体系和监管体系的完善、法律环境的健全和年金运营主体服务经验的丰富，年金监管的方式也发生了相应的变化，逐步放松数量和比例限制，给予年金基金各管理主体更多的经营自由等，呈现出向审慎性监管模式过渡的趋势，这也标志着年金监管的目标从过度注重安全向力图实现安全与效率转化。

随着时间的推移和年金运作过程中出现的各种新情况，严格数量限制监管

---

① 张云：《金融监管理论在企业年金管理中的应用和启示》，《商业时代》，2007年第21期，第30~33页。

模式和审慎性监管模式都出现了与现实不相适应的方面，如由于市场敏感度低，往往对风险的识别不及时和相应的监管措施滞后于市场发展等。20世纪90年代以来，很多国家年金监管的重心转向确保年金资产的安全和年金市场的公正和效率。2005年10月国际养老金监督官协会（IOPS）出台了《IOPS私人养老金监管十项原则》，明确提出养老金监管应以风险导向监管为目标，这是第一份指明年金风险导向监管的国际性指导文件。一些国家开始关注并引入风险监管机制，相继摒弃不必要的高成本的监管法规和手段，提出一系列以风险监管为基础的规则，引入了灵活、适用的风险导向监管方法，以期实现既能有效控制风险，又能兼顾企业年金安全和效率的平衡，年金领域的监管与效率两大问题也实现了历史上前所未有的融合。美国、加拿大、澳大利亚等国在企业年金风险导向监管方面都积累了成熟的经验[①]。如澳大利亚审慎监管局将注意力集中于那些较大的，而且已经被察觉到的风险领域，建立了基于风险的监管框架，主要由风险暴露、风险管理、风险评估和监管四个部分组成。综合来看，各国的风险监管具有一定的共性，即一般都具有一个正式的风险管理计划或程序，运用各种技术手段如压力测试和在险价值（VAR）测度等来决定监管强度和监管梯度以及依赖第三方力量加强报告和信息披露制度。具体操作思路是，通过现场监管和非现场监管方式对所获得的综合信息进行分析，利用各种评估、评级标准和风险参数设置，逐步检验测试，将年金各经营主体划分为不同的风险类别，并视风险的程度采取不同的监管措施。

4.3.3.3 我国企业年金监管分析

1. 我国企业年金监管的现状

我国对企业年金计划的监管主要建立在《企业年金试行办法》和《企业年金基金管理试行办法》等规章制度基础之上。通过这两部法规规范监管的内容，明确负责企业年金监管的政府机构，确立了以劳动保障部为主，银监会、证监会和保监会等金融监管部门相互配合的协同监管框架。同时，我国已颁发的《公司法》《证券法》《合同法》《信托法》《证券投资基金法》等法律法规，为规范企业年金委托人、受托人、年金管理机构、专业投资机构、托管银行各方的委托代理法律关系，规范专业投资机构的公司行为，规范基金投资合规运作，提供了十分重要的外部法律环境。从总体上看，我国企业年金监管模式是

---

① 杨波、赵正堂：《国外企业年金监管机制的启示》，《经济与管理》，2007年第1期，第45～47页。

属于"积极"或"预防"的管理模式，表现在对企业年金计划的管理实行严格的市场准入资格的限制，对企业年金基金投资的渠道和比例实行较为硬性的限制和规定。例如《企业年金基金管理试行办法》第四十六条规定，企业年金基金财产的投资范围限于银行存款、国债和其他具有良好流动性的金融产品，包括短期债券回购、信用等级在投资级以上的金融债和企业债、可转换债、投资性保险产品、证券投资基金、股票等。第四十七条规定企业年金基金财产的投资，按市场价计算应当符合下列规定：投资银行活期存款、中央银行票据、短期债券回购等流动性产品及货币市场基金的比例，不低于基金净资产的20％；投资银行定期存款、协议存款、国债、金融债、企业债等固定收益类产品及可转换债、债券基金的比例，不高于基金净资产的50％。其中，投资国债的比例不低于基金净资产的20％；投资股票等权益类产品及投资性保险产品、股票基金的比例，不高于基金净资产的30％。其中，投资股票的比例不高于基金净资产的20％。实际上，选择年金计划的监管模式是基于企业年金计划管理体制特点作出。其中有一些重要的因素要考虑，主要是企业年金计划的数量，计划的建立是自愿抑或是强制的，资本市场和法律体制的发育程度，等等。因此，尽管我国实行的是信托型企业年金计划，并且世界上大多数实行信托型计划的国家都是实行审慎性监管，但是考虑到我国金融市场发育不成熟、法律制度不完善的事实，我国还是对企业年金计划实行严格的数量限制监管。值得注意的是，我国这种监管模式还有别于拉美国家的严格数量限制监管模式，在某些方面保留了审慎性监管的特征。例如，我国企业年金计划的建立是自愿的，计划的建立并不需要政府的批准，只要向劳动保障部门备案即可，而对为计划提供服务的机构要受到严格的资格认证。我国对这种资格认定实行二次准入原则，即获得相关资格必须以相关业务管理机关确认为前提，然后再由劳动保障部门给以认定[①]。从计划登记和批准的监管程序上看，我国同美国和澳大利亚等实行典型审慎性监管的国家并无差别。同时，我国《企业年金基金管理试行办法》四十八条指出，根据金融市场变化和投资运作情况，劳动保障部会同银监会、证监会和保监会，适时对年金的投资产品和比例进行调整，这也为我国企业年间计划监管向审慎性监管方式转变预留了空间。

---

① 《企业年金基金试行办法》第六十四条规定：法人受托机构、账户管理人、托管人、投资管理人开展企业年金基金管理相关业务应当向劳动保障部提出申请。法人受托机构、投资管理人向劳动保障部提出申请前应当先经其业务监管部门同意，托管人向劳动保障部提出申请前应当先向其业务监管部门备案。

2. 我国企业年金的监管中存在的问题

（1）针对企业年金监管的法律法规体系还不健全。

近年来，我国政府相继发布了一些对社会保险基金和企业年金基金监督的办法且初见成效，但从总体来讲，还没有形成一个较为完善的监督法律法规体系。在企业年金的发展过程中，各国政府都十分重视法律制度建设。如美国国会于1974年颁布了《雇员退休收入保障法案》，瑞典1959年制定了《补充年金法》。英国的法律制度相当完备，仅涉及企业年金计划的法律就达到四部以上，主要有《信托投资法》《金融服务法案》等。这些法律广泛涉及了企业年金的性质、实施主体、筹资模式、资金来源、管理投资主体、运营方式、养老金发放方式等诸多问题，为英国企业年金的发展提供了完备的法律基础，也为监管工作提供了必要的法律手段。尽管我国已经颁布了《企业年金基金试行办法》和《企业年金投资管理细则》，但有关监督规定比较零星分散，统一性不够，可操作性差。如《企业年金基金管理试行办法》主要对企业年金"四种人"——受托人、账户管理人、托管人、投资管理人的资格要求、权利义务、更换或退任，以及中介服务机构、企业年金基金投资、收益分配及费用、信息披露等作出专门规定。但这些规定只是确定了企业年金管理的最基本、最原则性的框架，缺乏对实际操作环节的详细规定和指导。对于监管的重点内容，如对因为疏忽和欺诈行为导致的基金偿付能力不足缺乏规定性，对于强制性信息披露缺乏统一的要求和指标数据等。

（2）监管部门的协调管理面临挑战。

企业年金计划涉及了多重委托代理关系和包括证券、银行、基金、信托、保险等在内的多个金融领域的众多金融机构以及社会保障与税务部门，对金融监管当局传统的监管方法和监管手段提出了挑战。当前，世界各国对企业年金计划均以混业经营和混业监管为主，而我国实行的是分业经营和分业监管，在法人受托机构采取全捆绑模式为计划提供一揽子服务时，监管当局从前习惯于机构性监管的方法，由劳动和社会保障部门、银证保等金融监管部门各管一段的做法难免会出现监管真空和监管冲突。因此，企业年金计划监管客观上要求按照功能性监管要求，加强不同领域监管机构之间的协调，探索有中国特色的监管模式，从而推动企业年金治理结构的完善。从国外监管发展历史来看，1992年英国麦克威尔事件促使英国政府调整对企业年金的监管体系，由多部门监管走向集中统一监管。我国香港地区强积金制度实行后，也是由香港积金局统一行使监管职能。当前，在我国金融业依然实行混业经营、分业监管的大背景下，按照我国《企业年金基金管理试行办法》六十六条规定——"受托人、账户管理人、托管人、投资管理人开展企业年金基金管理相关业务,应当接受劳动保障行政部门的监管。受托人、托管人和投资管理人的业务监管部门按照各自职责对其经营活动进行监督",劳动社会保障部门显然无法充当起功能性监管的职责,各监管部门的协同监管如何在更高层次和水平上加强是当前监管环节的重要课题和挑战。

(3) 间接监管和中介参与监管机制落后。

由于企业年金计划往往数量众多,运行程序和环节复杂,任何监管机构都不可能对企业年金计划实施全方位的直接监管。因此,赋予独立审计机构和精算机构间接监管权力以及允许独立中介参与企业年金计划监管等非正式制度安排成为提高信息透明度的有益补充。例如,英国审计师和精算师通过发挥"吹哨人"职能以及计划参见者的"抱怨机制"安排,可以帮助监管机构发现和过滤计划管理人的违法信息。澳大利亚的监管机构也鼓励企业年金计划自愿同审计人达成协议,由审计人对年金基金的守法状况进行审计。我国目前主要是政府当局的行政监管,由于缺少行业自律组织和高信誉的独立中介机构,既没有形成间接监管和中介参与监管制度安排,也没有形成科学规范的社会监督机制。

(4) 监管理念相对滞后。

我国严格限量监管模式属于合规性监管,尽管严格限量监管符合我国当前的实际,但这种模式也存在一些内在的缺陷。加之我国监管技术落后,常规的监管方法效率低下、可操作性欠佳,很大程度上影响了监管的效果。同时也不能集中整合有限的监管资源实施有效监管,造成了被监管对象不必要的经营效率损失,导致的监管合规成本上升,无法实现有限监管资源的优化配置。面对国外目前比较先进的基于风险的企业年金监管理念和监管框架,我国的监管理念显然已经相对滞后。为弥补这些不足,应当适时引入风险导向型监管理念,对严格限量监管形成有益补充,及早发现风险信号,动态灵活地调整监管重点,优化监管资源的配置,进一步完善和发展我国年金监管体系,保障年金受益人的利益。

4.3.4 保险补偿机制

4.3.4.1 保险补偿机制的作用分析

企业年金保险补偿机制的建立是保护计划参加者和受益人利益的重要保障,同时也有助于商业保险机构和补偿基金组织加强对年金计划运行的监督,改善计划相关信息披露并约束计划受托人、投资管理人等为计划提供服务者的信息披露并约束其行为。此外，保险补偿机制的设立属于退出机制的一种辅助体系，是在计划管理人退出市场时合理解决相关遗留问题而形成的自律性救济制度，使得年金计划的破产在不给受益人带来老无所养影响的同时，企业年金市场的退出机制得以实现。这样就可以真正建立具有竞争性的代理人市场，通过竞争淘汰机制减少信息的不完备，从而促使代理人更好地工作和市场声誉机制的建立。从长远看，保险补偿机制的建立还有助于防止年金市场系统性风险的发生。如果由于发生大范围的年金计划受托人或投资管理人舞弊或疏忽行为造成计划受益人利益的损害，极有可能引发众多计划参加者或潜在参加者对整个年金计划市场的严重信心缺失，进而导致整个市场的萧条和崩溃。

4.3.3.2 国外企业年金保险补偿机制的主要经验

根据监管当局的要求为企业年金计划管理成员购买商业保险和建立年金计划的补偿基金是国外年金计划保险补偿机制的主要方式[1]。国外商业保险机构在为基金行业提供保险方面具有丰富的经验并获得了很大成功，保险的范围一般包括由于企业雇员欺诈、违约、错误执行命令、非法交易等造成的损失，如错误和遗漏保险、董事和经理保险、雇员实践债务保险、雇员福利计划义务保险、货币市场基金保险等。具体到企业年金计划，最重要的保险品种一般是忠诚保险和失职保险。无论监管机构会是否会强制性地要求为年金计划提供服务的机构购买保险产品，年金计划的服务机构都会倾向于购买。尤其是在理事会受托模式下，受托人的自然人如果违反了受托人责任，将以个人全部资产承担相应的法律责任。因此，许多企业为了使理事会成员放手工作，通常会以企业的资产代其购买责任保险。商业保险对损失的补偿一般是由受益人和保险机构共同负担并设立上限，其目的是促使为计划服务的机构更好地履行职责。此外，在美国，企业年金计划本身还可以为避免因受托人的失职而遭受的经济损失购买保险，同时保险公司保留对受托人的追索权。因此，这种情况下，保险公司成为一个重要的外部监督机构加入年金计划的治理中来。

企业年金的基金补偿多数是针对 DB 模式制定的，DB 模式要求固定的收益支付，补偿基金的建立可以熨平养老金投资的收益波动，保障一定的流动性，而在出现大的风险危机时更能有效地实施补偿。建立基金补偿机制的方式

---

[1] 本部分主要参阅了陈华良：《补偿基金制度与企业年金持有人利益保护》，2008 年，http://web.cenet.org.cn/web/chenhualiang/。

可以是国家成立的专门担保机构,也可以是商业再保险,还可以是专门的保障基金。美国的养老金给付保证公司(PBGC)和英国养老金保护基金(PPF)就是针对 DB 型计划建立的国家担保机构。另外还有部分国家通过为企业年金资产投再保险而行使类似于补偿基金制度的职能。如巴西的年金机构可以自愿对其所负年金债务在保险公司里进行再保险,监督机构在一定条件下也可以要求其进行再保险;荷兰的年金计划如果年金和保险监督局(PVK)认为必要,可以要求年金基金将债务向人寿保险公司进行再保险;以色列规定如果计划没有达到最低 1500 名计划成员的要求,管理公司必须把伤残待遇和遗嘱待遇再保险给保险公司,并且必须一年一次地把再保险契约提交给资本市场保险和储蓄司批准。

DC 模式主要是建立个人投资账户,固定缴费,风险自担,因此补偿基金一般无需为企业年金的投资损失进行赔偿。但是,许多国家的企业年金计划是强制的,对基金受益水平有最低要求,这种最低收益率的要求需要建立风险保障基金来加以保障。在笔者看来,这种基于最低受益保障的风险保障基金也属于基金补偿的范畴,只不过这种基金补偿只能用于金融市场变化造成的投资损失进行弥补。以美国、英国制度为代表的年费收取正成为国外补偿基金的主要来源方式。美国根据 ERISA 建立了养老金给付保证公司(PBGC),其功能类似于联邦存款保险公司。PBGC 是美国企业年金计划得以迅速发展的重要原因。在美国,DB 型企业年金计划要向 PBGC 交纳保险金并定期呈报相关财务报告。如果参保计划因破产或其他原因无力支付养老金时,由 PBGC 在一定限额内履行支付责任。美国的养老金给付保证公司(PBGC)收取的年费分为固定年费和可变年费。2006 年对 DB 型计划每年收取的固定保费为每人每年 30 美元。此外,美国 PBGC 的资金来源还包括接管终止计划的资产、终止计划的雇主对 PBGC 的负债以及投资收益和向财政部借款等。尽管基金补偿机制的建立对于加强企业年金计划的外部监管具有一定的效果,但是,也引发了道德风险和逆向选择的问题。建立保险补偿保险制度后,企业年金计划的受托人或投资管理人为了获取更大的利益而倾向于投资于高风险品种。特别是 DC 模式下员工自主承担风险,加上事后补偿基金的后备赔偿,使运营机构往往会无视企业年金投资运营中对安全性的要求,将计划基金大量投资于高风险领域。为此,世界各国为了避免保险补偿机制代理的道德风险和逆向选择一般都要求设计合理的补偿保险费率,加强对受托人和投资管理人的有效的约束,增加其违约成本。同时合理规定补偿范围,加强资本金约束,在风险发生后有明确的赔偿顺序,使补偿基金成为风险防范体系中的最后一道防线。

4.3.3.3 我国企业年金计划保险补偿机制分析

我国企业年金计划保险补偿机制还不完善。由于我国责任保险发展滞后，国内也缺乏为企业年金计划提供的保险产品。我国的企业年金计划是自愿建立，因此对年金计划没有最低收益率的要求，只是要求投资管理人建立弥补企业年金基金投资亏损的专项准备金①。这种专项准备金固然可以一定程度上抵御市场波动的风险，但是对于因受托人和投资管理人等为计划提供服务的当事人因疏忽或失职造成的损失并不能补偿。因而对于计划受益人利益的保护是不全面的。从年金计划治理的角度来看，保险补偿机制的缺失也带来了一些问题。

1. 法人受托机构和受托理事会承担责任能力的极端不对等

我国对法人受托机构的受托人资格有严格的限制，必须在注册资本和净资产方面达到要求的金融机构才有资格充当受托人，其目的也是使法人受托机构有实力承担受托责任。同时，我国对由自然人组成的年金理事会没有类似要求，但要求理事会承担同法人受托机构相同的法律责任。根据我国《信托法》规定，企业年金理事会是企业年金基金财产的共同受托人；共同受托人之间在处理信托对第三人所负债务，违法处分信托财产时，要承担连带责任②。因此，实质上我国的企业年金理事会成员要以自己的全部财产承受无限责任。这种情况下，理事会成员承担责任的能力有限，不可能有效弥补损失，在委托人和受托人的委托代理关系中，作为理事会成员的自然人会因缺乏"参与约束"而失去工作的积极性，或者在工作中采取保守的策略，过分强调风险而忽视对基金收益率的诉求。

2. 年金市场的退出机制无法建立

由于缺乏保险补偿机制，企业年金计划在遇到企业破产、受托人或投资管理人因违规等原因造成计划难以为继时，计划受益人的利益将受到极大的损害。尽管我国的企业年金计划是属于自愿建立的、个人账户管理的补充养老保险，理论上应该由个人承担风险损失。但是，年金计划时间跨度比较长，考虑到养老金收入对个人晚年生活和对社会稳定的重要影响，政府不可能袖手旁

---

① 《企业年金基金试行办法》第五十八条规定：投资管理人从当期收取的管理费中，提取20%作为企业年金基金投资管理风险准备金，专项用于弥补企业年金基金投资亏损。企业年金基金投资管理风险准备金在托管银行专户存储，余额达到投资管理企业年金基金财产净值的10%时可不再提取。

② 林羿：《美国企业年金的监督与管理》，中国财政经济出版社，2006年，第180页。

观。如果没有保险补偿机制，政府无法轻易让企业破产，年金市场上的运营机构也不会轻易退出计划。其结果就是政府以隐形担保的形式为企业年金计划的参加者和受益人提供参与计划的信心。那些取得年金市场上运营资格的金融机构也因为没有退出机制的压力而取得垄断地位。竞争性的代理人市场无法建立，企业年金计划外部治理中的市场机制作用就无从发挥。

3. 年金计划因无法抵御巨大资产损失而陷入系统性风险

从我国企业年金计划投资实践来看，我国的企业年金计划实际上是实施DC管理DB投资的混合模式，实施企业和员工共同交款的个人账户管理制度，而在投资上由受托人和投资管理人承担主要的投资决策。在极端情况下，由于受托人、投资管理人等的恶意违规或是投资决策出现重大失误或者金融市场出现波及全行业的系统性风险等原因，年金基金遭受重大损失，年金账户同样有破产的风险。这种情况下，仅仅依靠专项投资准备金是远远不够的，员工可能遭受巨大的资产损失从而丧失对年金计划的供款的信心和能力，进而引发整个企业年金制度的危机。这种情况尽管不常见，但并非没有可能，1929年席卷全美国的那场大萧条正是由于人们对银行丧失信息开始的，危机结束后，美国开始建立存款保险制度。从这个意义上讲，我国企业年金并非完全没有建立年金保险补偿制度的必要。

4. 不利于公司治理和年金计划治理的互动发展

保险补偿机制的建立为外部机构（尤其是保险公司）参与企业年金治理，加强对计划的外部监督提供了一个途径。企业年金治理首先要遵守公司治理的一般原则和基本要求。通过保险补偿机制，外部机构会加强对年金计划内部控制管理和信息披露的规范化引导和监管。同时，一个具有相对规范治理结构的外部机构对于计划治理结构的完善也会发挥潜移默化的影响。我国企业年金计划的治理还存在诸多问题，保险补偿机制的缺失使外部机构参与计划治理，从而实现公司治理和年金计划治理的互动发展的途径也不复存在。

案例分析：从国内一份企业年金受托管理合同来看对计划参加者和受益人利益的保护

企业年金计划治理水平的高低同该计划对参加者和受益人利益的保障程度存在着密切的联系。一般来讲，只有具备较完善的治理制度和治理机制的计划，才有可能更好地保护参加者和受益人的各项权利。强化对受益人利益的保护是企业年金计划治理的动力和最终目的，而对受益人利益的保障程度也从一定层面上反映出一个年金计划在内外部治理方面是否取得了成效，以及在计划治理方面的缺陷和不足。下边的案例通过一份受托合同，从微观视角分析了我国信托型企业年金计划在治理方面还缺乏对计划参加者和受益人利益保护的有效制度和机制，从而帮助我们分析和理解我国信托型企业年金治理中存在的缺陷。

从国内某养老保险公司同客户签署的一份单一计划受托管理合同①（以下简称合同）内容来看，该养老保险公司作为企业年金计划的受托人没有投资管理人资格和基金托管人资格。

企业年金治理的目的是促进保护计划参加者和受益人利益核心理念的形成和有效贯彻。本案中，合同较好贯彻了受托人和受托财产的独立性原则，受托人在合同第 7 章中所规定的受托管理职责也基本体现了一个合格受托人所应承担的主要职责。同时，该合同在第 3 章有关受托声明与承诺中保证：恪尽职守，履行诚实、信用、谨慎、有效管理的义务，保证建立严格的风险控制制度，使企业年金基金受托管理业务和其他管理业务在人员、信息等方面严格分开管理，确保各项管理职能相互独立，防止利益冲突。以上基本体现了信托关系中受托人对受益人所负有的忠实义务和谨慎义务。此外，合同在第 3 章有关受托目的中提出：以企业年金基金财产长期价值最大化为目标。维护受益人的利益，符合企业年金治理的基本目标。从整体上看，这份合同在内容和主旨等方面都比较完善。

但是从治理角度来看具体条款，合同对于受益人的利益保护还存在一些问题。具体情况如下：

其一，合同在第 1 章定义和释义中将受托当事人解释为：根据本受托管理合同享受权利并承担义务的甲方、乙方和受益人。但是在受托管理合同签署对象上仅仅是受益人工作的企业和受托人，看不到受益人的影子。也许受益人众多，不可能一一签字，但至少应该有受益人代表的参与。企业年金计划的发起企业作为委托当事人之一，不宜全权代表受益人，因为受益人和发起企业还有一个潜在代理的问题。尽管我国的企业年金计划目前均为 DC 型，即个人账户积累的固定缴费型，发起企业和受益人之间的利益冲突并不大，可如果缺少受益人代表监督受托管理合同，不能够使受益人利益在合同条款中得到有效保障。

其二，合同第 4 章在甲方权利中规定：在乙方协助下选择或转换企业年金

---

① 为篇幅紧凑，不再附合同具体内容。

基金投资组合，实际上将投资选择权赋予发起企业。但是在我国 DC 型企业年金计划中，受益人个人承担账户的投资风险，这就会造成受益人权利和义务的不对等，投资选择权应该赋予受益人。如果受益人自愿将投资选择权委托给发起企业则另当别论。

其三，合同第 5 章对乙方即受托人并没有提加强对受益人投资者教育的义务。实际上这是加强受益人个人账户投资决策能力，减少非理性行为的重要内容，也是国外同行不约而同为受益人提供的一种必要服务。

其四，禁止自我交易，即禁止受托人和受托财产之间相互买卖是各国普遍遵循的原则。合同第 5 章第 2 款第 8 条规定：除经甲方同意，并以公平的市场价格进行交易之外，乙方不得将其固有财产与受托财产进行交易或者将不同受托财产进行相互交易。该规定实际上是受托人对禁止自我交易的豁免，及经过发起企业同意并以公平价格进行的自我交易是允许的。这里忽视了受益人的利益，既没规定向受益人披露也没有征得受益人同意，很可能造成利益冲突，损害受益人权益。此外，合同也未提及对企业会引起利益冲突的共同交易、代理交易以及自我投资的限制及信息披露的问题，为非公允关联交易的发生留下了隐患。

其五，合同第 13 章风险管理第三款赔偿责任中没有对因受托人违约所造成基金损失赔偿方式和赔偿额度作出规定，为合同争议留下了隐患。同时，对于因托管人、投资管理人和账户管理人责任造成的基金损失，合同仅仅规定由受托人向当事人追索，逃避了受托人应当对计划资产承担的最终责任义务。实际上，首先应该赔偿的是受托人，其次才有权向当事人追索，因为托管人、投资管理人和账户管理人是由受托人选定并直接管理的。

其六，合同第 14 章信息披露和报告可以看出，受托人信息披露的方式是被动式的，除了国家法规规定的必须提交的报告外，主动信息披露不多。同时，信息披露的主要对象是发起企业，对广大受益人的信息披露仅仅是被动式的接收信息查询。信息披露没有规定向受益人送达的方式和方法，也无法保证受益人能够读懂和明白报告的内容。

最后，合同第 20 章关于争议的解决仅仅涉及了受托人和发起企业，完全排除了受益人个人在企业年金计划中与受托人或其他为计划提供服务的金融机构可能产生纠纷的排解机制，也缺少对投诉处理和争议解决的渠道规定。

上述问题的存在，可能影响或损害受益人利益。这些问题的出现固然有合同签署双方的问题，但是更主要的是我国在企业年金法规方面的不健全和企业年金计划治理机制缺失所造成的。

5 完善我国信托型企业年金治理的对策研究

5.1 完善我国信托型企业年金治理的途径

5.1.1 我国信托型企业年金计划模式选择下的制度环境

各国企业年金计划作为一种补充养老保障制度,在计划模式尤其是治理机制的设计方面呈现出不同特点,实际上,这些特点突出反映了各国具体的经济社会条件和法律制度环境的区别。而各国采用不同企业年金治理结构的主要根源就是本国的法律传统等因素。例如,英国采取信托模式就是因为英国具有悠久的信托法理念。相反,大陆法系国家之所以采用公司型、基金会型居多,也是和这些国家固有的法律理念分不开的。近年来,由于信托型企业年金计划具有保证年金计划独立性、信托设立可以较灵活适应不同计划的弹性需要以及有助于实现企业年金计划基金与资本市场良性互动等优点,采用信托模式的英语系国家,其企业年金制度取得了巨大的成就。信托模式的某些优点受到其他模式计划的吸收和借鉴。企业年金计划作为一种制度上的舶来品,我们在引入时必须清楚其原先运行的制度环境和我国目前的社会经济条件与法律制度环境的差异性,必须了解其治理机制设计的初衷和运作条件,才能根据国外治理的原理和基本经验,结合我国的社会、法律环境,有针对性地设计我国信托型企业年金计划的治理机制。必须清醒地看到,当前我国信托型企业年金制度发展的社会制度环境和国外典型信托型企业年金计划运行的环境还有一定差距。如果忽视了这些差距,仅仅关注其现实实用性和崇尚其复杂的技术层次的设计,在引进时囫囵吞枣或矫枉过正,不重视对这种引入制度的环境分析,在按照国外模式塑造我国信托型计划标准时有可能出现脱离实际或"画虎不成反类犬"的尴尬,从而给计划治理带来一系列制度方面的掣肘。从制度环境来看,当前我国信托型企业年金计划运作的基础还不稳固,主要表现在以下方面。

5.1.1.1 缺乏普通法系中信托的理念和传统

信托概念源于英国的衡平法,它是通过对受托人施加衡平法上的义务来获取受益人的财产权的。这是英美普通法系的一个独特的制度。大陆法系就根本不存在这样一个类似相对应的制度和概念。大陆法系根据合同的概念,逐渐发展出寄存—保管—委托—代理等一系列特殊的合同制度来取代类似信托的制度安排,但是与普通法系中的信托制度相比,它不具有信托制度中的灵活性,而显得比较僵硬。在普通法系中,尽管受托人是法律上的所有人,但其权利受到另一个财产利益即受益人的财产利益的制约,即"财产管理人"和"财产受益人"是分离开来的。于是,信托的概念是建立在双重所有权概念基础之上的:受托人享有普通法上的所有权,受益人享有衡平法上的所有权。随着20世纪信托概念的扩张,企业年金信托被更多地吸收进入传统的信托法,有效保护了基金财产的独立安全性,成为信托灵活性在养老金制度运用中养老金法和信托法融合的一个成功典范。大陆法系国家对企业年金基金的管理采用了有别于英美法系国家的模式,主要是采用公司型、基金会型和契约型的模式,其依据一般是所得税法和有关企业年金的特别法。其特别法常规定基金为特别法人,基金管理人也负有类似信托法规定的受托人责任(如民法上善良管理人的责任),但其责任没有信托法上规定的那么大。目前的趋势是采用英美法上的信托概念,在特别法上加强基金管理人的责任。中国作为大陆法系国家,尽管制定了《信托法》,但信托的概念和传统十分薄弱。中国的企业年金计划采取了信托型模式,但是大陆法系下合同概念根深蒂固的影响下,企业年金计划的信托管理机制能否顺利运作依然值得关注。

5.1.1.2 法律体系不健全

虽然我国劳动和社会保障部已经颁布《企业年金试行办法》和《企业年金基金管理试行办法》,《企业会计准则》第10号也涉及了企业年金计划,但由于法规过于宏观和笼统,缺乏指导性和实践性,使得企业年金在具体实践中缺乏法律监管,在投资方面缺乏明确和权威的约束。同时关于企业年金税收优惠的政策比较分散,幅度也不够,许多规则更多的是以法规、条例等形式颁布,全国性的税收优惠依据仅有2000年颁布的《国务院关于印发完善城镇社会保证体系试点方案的通知》和2003年颁布的《关于执行企业会计制度需要明确的有关所得税问题的通知》,这也只对企业缴费部分的限额进行了规定,即

"企业年金缴费占工资总额 4% 从成本列支"。此外，针对企业年金的可转移问题、计划运营中相应的补偿和惩罚机制以及运营机构的退出机制，法律并没有明确规定，给企业年金的发展留下了不少隐患。

5.1.1.3 公司治理不善造成的社会信任气氛的缺失

在我国目前以法人受托模式建立的企业年金计划中，由于受益人代表无法进入受托人的董事会，因此企业年金计划的治理在很大程度上是依靠受托人的公司治理框架来完成的。在理事会受托模式下，理事会往往将企业年金计划的投资管理、基金托管等业务委托给专业的金融机构，因此金融机构等法人受托人的公司治理质量也直接关系到企业年金治理的质量。但是从目前我国公司治理的成效来看还很不尽如人意，"一股独大"、"内部人"控制等现象在上市公司中频繁出现，也造成了社会上普遍信任氛围的缺失。考虑到企业年金对资产安全的特殊要求，这种依靠受托人公司治理质量的企业年金治理架构是否经得起市场考验，是否能赢得职工信任值得怀疑。在这种缺乏信任的氛围下，受托人对受益人负有的忠实义务和注意义务有可能淡化，同时也会增加企业年金的治理成本。

5.1.1.4 企业年金计划向市场化规范管理的任务十分繁重和迫切

截至 2006 年底，我国企业年金规模达到 910 亿元，其中 158 亿元以按市场化方式管理运营，而需要移交具有运营资格机构管理的企业年金尚有 700 余亿。这说明，大量的企业年金计划和资产都是以非市场化和缺少管理约束甚至以违规的方式在运作。尽管目前有关移交工作正在进行，但是涉及企业年金计划的市场化规范管理问题不可能随着移交工作的结束就完成。在年金计划的移交过程中，新旧体制的平稳对接面临着考验。一方面，由于新的企业年金计划法规还不完善，旧制度下一些非规范的企业年金资产无法在新制度下找到对口的位置。如原行业企业年金计划涉及行业内部多个企业的员工，由于目前没有出台集合企业年金计划的相关规定，只能采用变通的方法，通过过渡性企业年金方案，选择指定受托人为主的机构组合，进行统一的备案和开户投资。同时，一些地区出现了非市场化操作方式，一两家合格金融机构在政府安排下整体接收原年金基金，没有安排任何形式的投标等市场化流程。整体接收上海原企业年金发展中心管理的企业年金计划资产的长江养老保险公司也是由同上海市政府关系密切的大型国有企业发起成立的。这些操作方式在一定程度上反映出政府对企业年金计划运营管理的延续，对于企业年金计划真正实现市场化规范管理的目标是不利的。

5.1.1.5 资本市场发育不完善、投资者教育基础薄弱

国外的经验证明，信托型企业年金发展与资本市场的发展可以实现互为条件和互相促进。就资本市场而言，发达的资本市场可以为企业年金计划提供更为复杂的资产配置方式和更多样化的风险分散手段，进而实现较高收益，降低缴费水平和人口老龄化压力。但从我国的情况看，尽管规模已经跃居亚洲前列，但远非成熟的市场，资本市场风险较高、投资品种单一、信息披露不完善。与此同时，我国投资者的金融知识缺乏，投机性心理较重，成熟和理性的投资理念还没有建立。在这种状态下，企业年金基金进入资本市场的风险比较高，投资管理人或受托人为受益人提供资产组合方案比较少，受托人或投资管理人授予受益人的投资选择权无法有效行使，年金计划治理中的非理性行为必然会增加。

本质上，信托型企业年金计划复杂的委托代理关系和运作机制迫切需要计划运营机构之间以及运营机构和计划受益人及其发起企业之间建立高度的信任机制和责任意识。从这个意义上讲，我国目前的制度环境还不利于培育年金计划各方长期而牢固的信任基础和信任关系。各方当事人往往过多考虑局部利益，在企业年金计划运营中表现为急功近利和短期行为。因此，在提高我国企业年金计划治理水平的过程中，如果不能有效建立计划内部的信任氛围、培育有责任意识的运营机构和受托主体，不能从根本上培育对受益人利益保护的核心理念以及对违反信赖义务的受托人给予惩戒，那么，我国已经确立的信托模式企业年金计划将面临巨大的风险和危机，同时任何看似精妙的治理结构设计也都无法有效运行和长期存在。

5.1.2 企业年金治理完善：一种制度的变迁和创新

信托型企业年金计划对中国的养老保障制度而言是一种舶来品。因此，我国的企业年金制度从一开始就面临着新制度的设计以及国外企业年金治理经验如何和国情结合的创新问题。笔者认为，我国企业年金治理结构涉及年金计划当事人之间复杂的委托代理关系中一系列机制和制度安排，完善企业年金治理，实际上就要不断推行新的组织形式并建立相应的规则，这也就涉及了制度的变迁和创新过程。一般说来，制度创新偏重于将制度规则重新组合以形成新的制度安排，从而获得具有更高效率的制度结构；制度变迁偏重于制度在历史中的演进与变革，它可以告诉我们制度在历史中的演进是否是有效的，以及如

何偏离制度的理性选择。实际上,新制度经济学并没有将二者完全明确地分离开。制度创新理论告诉我们应该如何做,其结果应该是什么;而制度变迁理论告诉我们事实是什么,为什么没有这样,所以对制度变迁理论的研究是对制度创新理论的修正。用制度变迁理论来修正制度创新理论,以及关注未来制度的形成才是我们最需要的①。制度的替代、转换和交易过程就是所谓的制度变迁。制度变迁有两种类型:一种是诱致性制度变迁,另一种是强制性制度变迁。在制度变迁的两种形式中,诱致性制度变迁是因为有一部分人为了获得制度变迁的收益,自发地、率先推动和采用现行制度之外的新的制度。诱致性制度变迁不会改变人们利益和权力的分配,这与强制性制度变迁不同,强制性制度变迁是国家依靠其权威、强制力而推行,只有在国家统治者既有能力又有愿望推行制度变迁的条件下,才有强制性制度变迁的可能,换句话说就是只有符合国家或政府的利益,才会有法律和政策的出台。强制性制度变迁和诱致性制度变迁交互作用,互为补充,可以弥补单一制度变迁的不足。一个社会选择什么样的制度变迁方式,受制于有着特定偏好和利益的制度创新主体之间的力量对比关系。在中国,由于政府拥有绝对的政治力量对比优势,而且还拥有很大的资源配置权力,能通过行政、经济和法律等手段在不同程度上约束其他社会行为主体的行为。我国企业年金制度的改革方向、速度、形式、广度、深度和时间路径在很大程度上取决于政府的偏好及其效用最大化。当前,我国基本养老保险制度依然处于变革之中,基本养老制度同作为补充的企业年金制度的关系还没有完全确定。同时,完善信托型企业年金治理结构所需要的良好金融市场还不具备,公司治理不善造成了社会上普遍信任的缺失。在这种情况下,为了保障我国信托型企业年金计划正常有效地运行,需要政府以不断的制度创新健全相关法律法规,有效维护计划受益人的利益。从这个意义上讲,我国企业年金制度的完善和发展必须在政府主导下才能完成。在这一过程中,为年金计划提供服务的金融机构自身的创新发展也会对计划治理产生诱致性制度变迁的结果,通过市场竞争和相互学习可以进一步保障计划受益人的利益。从国外企业年金计划的发展历程来看,企业年金治理模式是漫长的制度变迁的结果,企业年金治理模式的形成取决于特定的法律、文化、历史传统等外部环境条件和计划运营机构治理结构等内部制度安排的演进结果。因此,处于制度初创期的我国企业年金治理而言,重要的并不是寻找和照搬英美信托型企业年金计划的目标模式,而是应该将重心放在外部环境的完善和内部制度的优化上,通过政

---

① 陈琦:《制度创新与制度变迁的理论辨析》,《煤炭经济研究》,2004年第10期,第21~23页。

府推动和计划相关当事人的互动创新来完善我国企业年金治理。

5.1.3 完善我国信托型企业年金治理的途径探索

目前，我国企业年金治理还缺乏一个明确的长远发展模式，在企业年金治理完善过程中还处于不断的摸索阶段。从世界范围来看，各国企业年金发展的经验都包含着正反两方面的教训，虽然我国《企业年金试行办法》和《企业年金基金管理试行办法》确立了信托型模式是企业年金计划的主流，但是我国的信托型企业年金计划实际上囊括了契约型计划的诸多特点。信托型计划和契约型分别流行于英美和欧洲大陆国家，这与上述地区分别依靠外部治理和强调内部治理的公司治理模式存在着一定程度的渊源传承。同时，公司治理的程度和水平也直接对契约型年金治理产生着深刻的影响。目前我国公司治理结构发展目标基本上采取的是"市场控制"式的英美模式和"内部控制"式的德日模式相结合，且以"市场控制"为主导的混合模式。因此，我国企业年金治理模式也就要走外部治理和内部治理相结合的道路。

笔者认为，完善我国企业年金治理，要充分发挥政府的推动作用，加强对企业年金制度的供给能力。首先，政府要进一步制定并完善与企业年金治理相关的一套完备的法规体系，明确企业年金治理的根本着眼点是建立以维护受益人利益为中心的运作理念，细化现有法规中对受益人利益保护的相关条款。其次，要加强监管，逐步建立适度竞争的企业年金市场，为完善企业年金计划提供实施外部治理的市场环境。

完善我国企业年金治理，必须注重学习借鉴国外的经验教训。新制度经济学认为，制度变迁最基本的长期源泉是学习，学习会受到竞争的影响，个人、团体和社会持有的、决定选择的信仰是在实践过程中学习的结果——不仅是一个人的一生或是社会的一个年代，还是个人、团体和社会中包含的、随着和时间加以累积并通过一个社会的文化传给后代的学识[①]。当前，《OECD企业年金治理准则》全面总结了不同模式企业年金计划治理完善的标准，对于我国企业年金治理发展是一个很好的参考和学习的标准。但是，必须正视我国是一个正处于社会转型、经济转轨过程中的发展中大国，国情的特点、发展的阶段、区域的不平衡以及体制机制的不完善，决定了我国企业年金治理与成熟市场经济国家相比呈现出很大的差异性，企业年金治理的完善必然面对更为复杂的环境、更加多样的矛盾和更大的不确定性，决定了我国企业年金治理实践很难按

---

① 彭德琳：《新制度经济学》，湖北人民出版社，2002年，第184页。

照经典理论所描绘的标准流程运行,这种状况在一个相当长的历史时期都将存在。当务之急是尽快结合中国的国情,建立一套完整的企业治理结构准则,实现《OECD企业年金治理准则》的中国本土化。

完善我国企业年金治理,必须增强计划参加者和受益人对于企业年金计划受托人的权利制衡能力,更好地发挥工会组织在促进企业年金计划制度化和规范化方面的作用。新制度经济学的代表人物之一诺思认为,制度的设立是与一定的议价能力的人相联系的。正式的规则是被用来为有创立新规则的议价能力人的利益服务的。在零交易成本的环境下,议价能力不会影响结果的效率,而在交易成本为正的环境中,议价能力则会对结果产生影响。国内学者在研究美国企业年金制度变迁问题中,认为美国工会对于提高企业年金制度的覆盖率有着至关重要的作用;同时,美国工会组织通过集体谈判机制对企业年金计划的缴费和给付方式、既得受益权规定、参加计划资格要求、可携带性和年金基金投资等关系计划制度规则等方面都产生了重要的影响,使得美国企业年金计划制度化、合法化,有力维护了工人的企业年金权益[①]。笔者认为,美国的企业年金制度经过上百年的发展,已经非常完备和成熟,其间经历了以诱致性制度变迁为主,以政府强制性制度变迁为辅的制度演变过程。中国的企业年金计划是从国外引入并模拟学习国外经验的结果,这种制度从一开始引进就打上了政府强制性制度变迁的烙印。尽管依靠国家强制力的制度变迁可以加速制度转换,但是由于受到政府偏好、集团利益博弈等因素的影响,从企业年金治理的角度来看,并不能保证计划参加员工的利益得到有效的保护。为此,必须在法律上积极维护计划参加者和受益人利益,为其参与计划的民主管理和民主监督提供体制和机制的保障。积极发挥工会作为员工代表的作用,从员工利益出发,参与制订可行的企业年金计划、选择有效的受托人、监督企业年金基金的管理和运行,从而使企业年金治理结构得到不断完善。

完善我国企业年金治理,必须重视从静态存在的治理结构到动态调整的治理机制的构建。在传统的企业治理结构研究中,基本是用静态或相对静态方法分析各治理主体的博弈均衡,大多基于分权与制衡而停留在企业治理结构的存在状态层面上,较多地注重对公司股东大会、董事会、监事会和高层经营者之间的制衡关系的研究。然而,企业治理更准确地说是一个过程,或者说是过程和结果的统一,应该更加侧重企业内部治理的动态调整方面。企业年金的治理也必须要在治理结构层面上确保管理责任和监督责任之间的合理划分基础上,

---

① 李春玲:《美国企业年金制度变迁研究》,知识产权出版社,2007年,第117页。

还要辅之以适当的内控、报告、信息纰漏和纠错等各种机制。从系统科学的角度来看，静态的治理结构不可能解决和包揽企业年金治理的所有问题，更需要若干灵活的触角和渠道能够广泛延伸的治理机制。这些治理机制既有通过内部制衡发挥作用的内部监控机制，也有通过市场来发挥作用的外部治理机制，从而形成一个相互联系、不断调整的系统整体，其最终目的就是通过一定的治理手段，合理配置剩余索取权和控制权，通过科学合理、适时调整和不断完善的自我约束机制和相互制衡机制，协调各利益相关者之间的利益和权利关系，促使其长期合作，最终实现各方合法权益的最大化。

完善我国企业年金治理还必须着力培育和优化有利于完善和改进企业年金治理的文化信念。文化信念作为非正式制度的重要形式，是在人们长期相互交往过程中自发形成的，是一种自发演进的秩序，其演进速度是非常缓慢的，但一经产生，便具有持久的生命力。20世纪80年代，美国斯坦福大学的阿夫纳·格瑞夫将博弈论与历史的比较分析方法相结合，以中世纪晚期的热那亚和马格里布为实例研究了文化信念与制度演化和制度选择之间的关系后认为，在影响社会制度演化和制度选择的诸多因素中，文化信念有着至关重要的影响作用。企业年金治理的完善作为一种制度安排和设计的改变，必须考虑到文化信念的路径依赖对新的制度安排所产生的排斥反应。只有让年金计划的当事人在企业年金治理改善过程中接受新制度所带来的新的简洁理念，并自觉地把这种制度完善的行为规则变为自己的行为规范，成为自愿行为的一部分，才能真正实现完善我国企业年金制度的初衷。

完善我国企业年金治理，必须通过公司治理和企业年金计划治理的互动发展来进一步完善企业年金计划。公司治理同企业年金治理存在着密切的关系。公司治理是改善经济效率和促进投资者信心增长的一个关键性因素，关乎退休者收入与权益的企业年金的建立自然首先也要遵守公司治理的一般原则和基本要求（郑秉文，2005）。企业年金治理是否严谨，很大程度上与公司自身结构治理有很大关系，尤其是契约型计划和公司型计划的治理，对于完善的公司治理结构的依赖性非常强。很难想象一个自身结构治理混乱，缺乏契约精神的企业会建立运作有序的企业年金治理结构。同时，企业年金基金作为资本市场上的重要机构投资者，对于完善企业治理、降低代理成本也发挥着越来越重要的作用。事实证明，公司治理和企业年金计划治理在所依赖的外部治理环境是相似的，内部治理原理是可以相互借鉴的，因此可以通过互动发展来进一步打牢年金治理的微观基础，促进年金计划的规范化发展。同时，公司治理的改进也必将会对机构和个人对于治理问题的看法和理念产生潜移默化的改变，进一步优化企业年金治理的制度环境，减少人们对新的年金治理机制的排斥和不适应，从而强化信托责任，减少代理成本。

5.2 完善我国信托型企业年金治理的政策建议

5.2.1 明确治理主体地位，明晰责任范围，实现企业年金管理体制的新旧顺利接轨

在企业年金治理的整体框架中，治理主体始终是年金基金安全运营的核心，也是对企业年金实施法定管理权利，进行风险控制和创造管理绩效的基础，更是对年金基金运营安全和受益人的利益负有最终责任人的主体。根据当前我国《企业年金试行办法》和《企业年金基金管理试行办法》的规定，企业年金计划受托人可以是企业成立的年金理事会，也可以是符合国家规定的法人受托机构。在治理实践方面，对于企业年金理事会应尽快在法律上明确企业年金计划法人受托机构和内部理事会的治理主体地位，根据信托法的要求，受托资产和委托人资产相互独立，企业成立的内部理事会是和法人受托机构一样具有法人实体地位的单位，原企业除作为理事会的委托人同理事会发生关系之外，无权以理事会的上级单位的身份要求控制理事会的活动。理事会同法人受托机构一样，是企业年金计划的治理主体，对企业年金计划享有法定管理权，对计划的主要目标承担最终责任。值得注意的是，理事会受托模式下由于缺乏经营基金的专业人才以及精算人才，往往使得基金的投资效率低下，与此同时还增大了企业的管理成本和费用。在这种治理结构下，企业年金理事会承担了过多的责任，但是又缺乏相关的配套设施以及人力资源，造成内控制度不健全，容易引发管理者缺位以及越权等现象的发生。为此，必须加强企业年金中员工的表决作用，防止企业管理层对于企业年金计划的垄断控制。理事会成立之初就坚持规范化运作，对于理事会的构成、投票权力分配和责任义务都必须在章程中明确，保护员工的合法权益。

按照劳动和社会保障部于4月24日颁布的《关于做好原有企业年金移交工作的意见》规定，各地社保机构经办的企业年金计划和行业年金计划也必须移交给专业受托机构管理，原来的社保经办机构和行业经办机构将逐步退出企业年金市场。考虑到各地社保机构经办的企业年金计划已占总数的74.2%，当前要特别加强对移交工作的管理，保证按照要求采取集中移交和分散移交相结合、先移交后规范的方式，保护受益人利益，维护年金基金的安全和完整，

实现原有年金管理主体的变更和各项业务移交到位，真正实现规范的市场化管理运营。同时，对于新成立的专门整体接收原地方社保经办模式下企业年金基金资产的专业受托机构必须走规范化之路，严格按照市场化要求运作，斩断同旧有管理模式的联系和地方公共权力的影响，从而建立起真正的法人治理结构。

5.2.2 通过透明的受托人选举制度和独立受托人制度约束受托人权利

在理事会受托模式下，为了方便行使受托人责任，理事会成员中往往有企业的财务和人事部门的管理人员甚至是企业的高层。企业和年金基金的关系十分密切，企业和职工之间的潜在代理问题就会出现。这时企业和职工的利益是不一致的，企业对年金基金的操纵有利企业的运作而损害了职工作为受益人的权利。为此，我国《企业年金试行办法》规定企业年金理事会由企业和职工代表组成，也可以聘请企业以外的专业人员参加，其中职工代表应不少于三分之一。当前，应进一步细化理事会成员的民主选举办法，详细规定参选理事会成员的资格和条件，以及当选理事会成员的任期。同时，对于企业以外的专业人员进入理事会必须明确该人员与企业和职工没有任何利益关系，以利于更好地履行为年金基金运营提供专业指导的职责。为进一步强化专业受托人的责任意识，可以考虑将专业人士作为理事会的独立受托人，赋予独立受托人直接向监管当局检举揭发理事会不当行为的权利。为确保独立受托人的独立地位，有必要单独规定独立受托人的选举办法，罢免独立受托人的资格需要理事会2/3以上多数才可以实施。考虑到职工的分散性，年金理事会成员的民主选举可以在工会的主持下进行，由工会提出职工代表的提名，通过职工大会选举产生理事会，为保证工会的独立性，工会领导不得进入理事会。工会负责监督理事会选举过程，保证选举的真实有效。

对于法人受托机构而言，由于受托机构的独立性比其内部理事会受托要强，所以，一般情况下企业和计划参加者与受益人的利益是一致的。由于目前我国法律框架下，机构受托人中没有企业和职工的代表，计划参加者和受益人对机构受托人制约手段有限。笔者认为，我国企业年金计划在法人受托模式下可以考虑引入独立董事或是在法人受托机构董事会设立主要由独立董事构成、针对不同受托企业年金计划服务的专门委员会来加强对机构受托人的制约。同独立受托人一样，独立董事也应当享有向监管当局"告密"的职能。独立董事的独立地位可以有效制约计划委托人（缴费企业和计划参加者及受益人）与受托机构之间利益冲突，使得计划管理过程更加透明，便于对受托人管理情况作出客观评价。为保证独立董事的独立性，必须明确受托机构引入的独立董事关注的重点是计划参加者和受益人的利益，而非受托人或发起企业的利益，还要承担保护计划参加者和受益人权益的特殊监督责任。企业年金独立董事必须保证同缴费企业和职工没有利益关系，独立董事的任命必须经过年金计划委托人和受托机构董事会的同意才可实施。在引入这项制度的初期就要严格独立董事的资格，在考察其经验知识、对计划利益冲突了解程度的基础上，摒弃那种一味延请并架空名人独立董事的做法，在法律制度方面对独立董事的责任和权利以及独立董事的选举程序加以规范。此外，还要培育和建立独立受托人或独立董事的竞争性市场，促使独立受托人或独立董事更加自觉地履行职责。

5.2.3 细化对企业年金计划的纠错机制，加大对计划经办机构违约的惩戒力度

当前，我国对于企业年金纠错机制采取的是成本较高的正式法律诉讼程序，同时只有对企业年金合同发生争议后才能启动法定纠错程序，不但纠错成本高，而且忽略了计划参加人和受益人对受托人和投资管理的诸多诉求和质询。造成这种结局的原因在于我国企业年金治理低估了计划参加人和受益人同计划承办机构之间发生纠纷和利益冲突的频度，同时我国企业年金计划治理中基本科层组织框架比较粗糙，没有将计划参加人和受益人对受托人和投资管理的诸多诉求和质询这些不可能完全体现在契约上的东西纳入企业年金计划内部科层的规则下运行。换句话说，这种结局实际上是我国企业年金计划内部治理不完善的体现。笔者认为可以学习美国的办法，在企业年金计划的受托理事会和机构受托人之外建立独立的受益权上诉委员会，负责受益人提出对受托人或其他经办机构行为的不满或抱怨进行复查，并将复查结果意见和裁定反馈给受托人或其他经办机构，或责令受托人或其他经办机构改正原做法并补偿受益人损失或维持原做法。为保证独立性和客观性，应由工会出面成立受益权上诉委员会。同时在法律上明文规定，只有受益人完全履行计划内部上诉手续后，受益权上诉委员会维持原来判决或受托人和其他经办机构拒绝执行的话受益权上诉委员会判决时，才能够启动正式的民事诉讼程序。通过内部的协商解决计划参加人和受益人同计划承办机构之间发生纠纷不但可以使计划经办机构有机会自我纠正错误做法，减少诉讼成本，也使经办机构多了一层监督制约。进入法律诉讼程序后的纠纷，对于计划受托人或其他经办机构违反合同规定的行为或不当行为的处罚力度应进一步加大，增大其违规成本。对于由此给受益人和计

划参加者造成的损失应由相应的过失方承担损失赔偿责任,情节严重的要取消其经办资格。

5.2.4 完善对受托人和相关代理人的激励机制

在企业年金治理中,计划受托人和相关代理人作为计划受益人和参加者的代理方,需要有效的激励机制才能保证受托人和相关代理人在追求自身利益最大化的同时,满足计划参加者和受益人利益最大化的治理要求。而相关的激励机制,主要是对以受托人为核心的代理方提供物质和非物质的报酬。

5.2.4.1 构建以受托人为核心的评估体系

完善我国企业年金计划内部激励机制,最重要的就是尽快构建以受托人为核心的评估体系(见图5-1),为设计更有竞争力的收费制度打下基础。由于对代理人努力程度难以观察,构建评估体系可更为客观地反映出代理人在不确定环境下的工作绩效。以受托人为核心的评估体系主要涉及受托人、投资管理人、账户管理人和托管人的评估,分别适用于对以上几种当事人的选择和评价,各个评估分系统围绕受托人评估系统构成完整的评估体系,可以对几种当事人的运营情况作出较为客观的评价。评价工作可以由会计师事务所或审计部门等中介机构进行,定期发布评价结果,评价内容既包括投资绩效、基金净值水平等财务指标,也包括计划运营当事人的信誉度、风险控制能力、人员素质、专业技术水平等非财务指标。根据评估结果,可以区分受托人和相关代理人的优劣,一定程度避免代理人市场的逆向选择,为不同层次的代理人收费提供可以参考的依据。

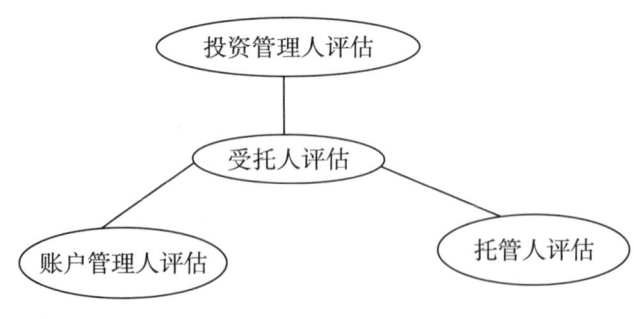

图 5-1 受托人为核心的评估体系

5.2.4.2 改进目前受托人和投资管理人收取管理费的方式，建立与年金基金业绩挂钩的浮动费率机制

通过同受托人或投资管理人达成合理的最低投资绩效水平，在此基础上，根据投资绩效的增加而提高收取管理费。这种浮动费率机制，受托人和投资管理人的努力所取得的高效业绩可以通过获得更多管理费收入而得到承认，此时计划参加者和受益人与受托人和投资管理人的利益是一致的，因而可以更好地激励后者努力工作。浮动费率机制的关键是合理评价年金基金的绩效，使基金业绩的衡量尽量客观，能充分体现受托人和投资管理的能力与努力程度。因此，不但要考察年金基金的收益率，还要考虑基金的风险代价。目前，对于业绩评价指标在基金业中的运用已经比较成熟，可以作为评价企业年金基金业绩的参考。最常用的指标分别是单位风险收益和风险调整收益两类指标。其中单位风险收益指标包括夏普指数（Sharpe Ratio）和特雷诺指数（Tyeynor Ratio）。夏普指数等于基金的超额收益率除以基金总风险，结果越大表明基金业绩越高。特雷诺指数等于基金的超额收益率除以基金的市场风险，结果越大表明基金业绩越高。风险调整收益类指标包括詹森（Jensen Ratio）指数。詹森指数是基金实际回报率与给定风险下的期望回报率之差。詹森指数越大，表明基金运作的真正的业绩越好。

5.2.4.3 消除账户管理人激励不相容的风险

按照我国现行的法律规定，在为企业年金计划提供服务的当事人中，只有账户管理人的管理费用是由企业缴纳的。在出现企业破产无法继续缴纳账户管理费时，年金的个人账户依然要保留并产生管理费用，这种情况下的风险将全部留给账户管理人。笔者建议账户管理费用可以同受托管理、投资管理和基金托管费用一样由年金基金承担，或者规定在企业无法缴纳账户管理费时，从年金基金资产中计提，从而免除账户管理人激励不相容的风险。

5.2.4.4 注重对受托人和其他相关代理人的声誉激励

廉耻之心强于私利。建立和重视声誉激励会克服代理人采取"寅吃卯粮"的短期行为，为追求长期的利益而重视受益人的利益并为之努力工作。笔者认为，在当前受托人和相关代理人的准入资格由国家严格控制的条件下，获得市场准入的特许权本身就是一种声誉激励。为此，可以考虑加强对年金基金管理机构资格的宣传和获得此资格机构的介绍，强化舆论和声誉对具有基金管理资

格机构的约束,使这些机构更加爱惜自己的羽毛,避免侵害受益人利益的短期行为发生。

5.2.5 培育企业年金市场,增强计划受托人和投资管理人的竞争机制

企业年金市场是一个多行业和多机构为企业年金计划提供服务的市场。发达的企业年金市场是推动企业年金治理完善的重要外部力量,同时,企业年金市场的竞争也有助于减少年金计划复杂委托代理关系下的信息不完备和由此产生的关联交易。在企业年金市场中,计划受托人和投资管理人是最为重要的计划服务参与主体。培育我国的企业年金市场发展,首先要简化目前对年金经办机构资格认定的审批程序。实际上,我国既然对提供企业年金服务的主体和机构实行二次准入的原则,有关机构要获得企业年金计划相关的业务服务资格,要先经过其业务监管部门的同意,才能向劳动和社会保障提出申请。因此,在评审程序上,评审阶段就应该参照有关监管部门的意见,评审结果出台后即为最终资格审定,减少同有关监管部门协商这一不透明做法。其次,在对计划受托人坚持严格的资质限制的同时,要区分年金计划全捆绑式、部分分拆式和全分拆式的具体运作模式,适当放宽机构受托人在部分分拆式和全分拆式模式下的资质规定,增加机构受托人数量,增强受托人之间的竞争程度。再次,对于计划投资管理人、账户管理人和基金托管人等,在年金计划治理中没有处于核心地位,可以考虑适当降低准入的资格和资本要求,通过增加市场竞争主体、加强竞争的方式促进年金基金投资管理水平的提高。等待年金市场逐步成熟的时候,可以考虑对于除受托人之外的其他为企业年金计划提供服务的机构实行核准进入年金市场。最后,要尽快设计对取得企业年金经办资格机构的市场退出机制,明确经办机构在何种条件下或何种违规行为自动丧失经办资格,以及如何赔偿由此造成的受益人利益损失。从而真正给经办机构市场压力,帮助经办机构基于长远利益建立良好的声誉,通过市场的优胜劣汰功能的发挥实现对计划经办机构的隐性激励。

5.2.6 强化信息披露和报告机制

信息披露和报告机制对于减少信息不对称至关重要。同时,详尽健全的信息披露和报告机制也是增强计划参加者和受托人以及缴费企业参与信心和参与程度的重要保障。笔者认为,强化我国企业年金计划的信息披露和报告机制应从以下几个方面着眼。

5.2.6.1 明确信息披露和发布的层次,在立法层面进一步明确受益人获取信息的权利

欧盟国家养老基金指南的信息披露和发布分为3个层次[①]:向计划成员和受益人提供的信息,根据不同的信息接收人以及有关养老金计划方案不同的合同义务内容有所不同,要求应有年度账和年度报告;向监管当局披露投资政策,每3年和在投资政策不发生重大变更的情况下,公布与养老金债务的期限和性质有关的投资政策(包括描述风险衡量方式和所实施风险管理步骤);根据监管当局保护计划参加者和受益人的义务要求向监管当局提供的相关信息。

从我国当前企业年金计划信息披露和报告的层次(见图5-2)看,有必要加强受托人对计划参加者和受益人的主动信息披露。由于企业年金计划属于个人账户管理,每个计划的建立方式和投资风格都会多少有差异,受托人、投资管理人等为计划服务的运营机构的义务也有差异。因此,对计划参加者和受益人的主动信息披露应在基金财务报告和基金管理报告基础上,突出个性化的披露方式,同时确保披露的信息可以用计划参加者和受益人便于理解的表达方式有效地送达。此外,披露的信息内容要在基金财务和基金管理的核心信息之外有所扩大,包括计划享有税收优惠、适用的法律法规等都应及时、准确地披露给计划参加者和受益人。

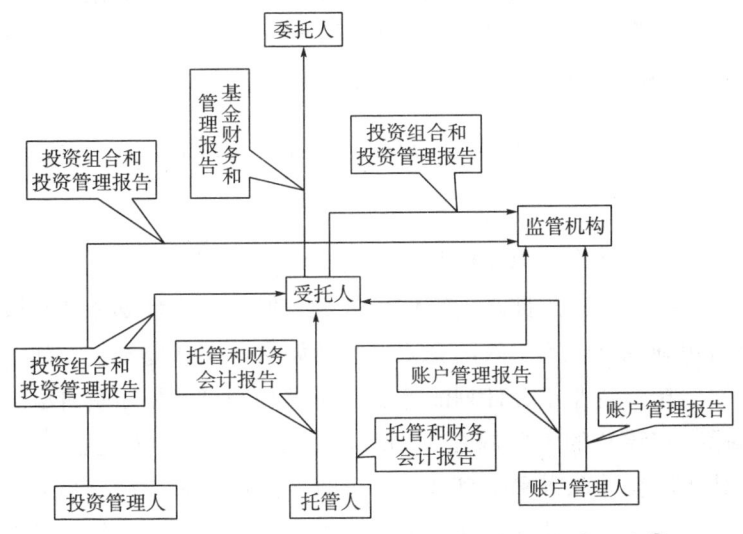

图5-2 我国当前企业年金计划信息披露和报告层次[②]

---

① 孙建勇:《企业年金运营与监管》,中国财政经济出版社,2004年,第282页。
② 转引自中国养老金网:www.cnpension.net。

5.2.6.2 加强对计划参加者和受益人的教育

针对计划参加者和受益人的信息披露必须考虑受众的实际情况，提高信息的利用效率。由于我国企业年金计划实行完全积累，采用个人账户方式进行管理，计划参加者和受益人都希望能够通过个人账户资产的出色投资管理而最大限度减少缴费的长期负担并同时能够满足自己投资收益的需求。这就需要计划参加者和受益人有一定的金融经济知识，认识所面临的有关退休金方面的挑战，评估目前的退休计划、退休预期年龄以及从各种来源中预期的退休收入，为个人养老金计划选择适当的长期投资目标。国外的养老金计划中，公共和私营部门都有义务为养老金计划参加者提供退休和投资工具及信息、财务知识等方面的培训和教育，国家也会对这种培训提供减免税收等优惠，从而鼓励对计划参加者和受益人教育项目的实施。随着我国资本市场的逐步扩大，个人投资意识也在逐步增强。我国企业年金计划对参加者和受益人的教育必须以确保计划参加者和受益人能够就其个人资产进行有效的投资选择并就其所能承担的投资风险和缴费量进行正确的估量为目标，通过在计划参加者和受益人的工作场所开办免费的财务知识培训班、提供学习宣传品等多种途径加强教育力度。计划受托人或投资管理人要向计划参加者和受益人提供各种不同资产配置的比较和不同投资组合的预期投资收益上的比较以及缴费变化的数据，帮助其提高对披露信息的理解力和利用效率，能够根据个人的具体情况进行适当的投资选择，并对其承担的投资风险有更为深刻的体验和度量。

5.2.6.3 规范重要会计信息的披露内容，强化对违法行为信息的发现机制

我国《企业会计准则第10号——企业年金基金》已经对年金计划运营阶段的各种会计报告和信息披露内容作了规范，但是对于计划缴费阶段的信息披露并未给出明确规定。鉴于我国企业年金计划会计实践还不长，建议有关部门应尽快根据信托型企业年金计划的特点，研究和制订计划缴费阶段的重要会计信息披露标准和涉及的主要内容。同时，应尽快落实计划运营机构的会计职责，明确其违反会计职责和信息披露要求时的惩戒措施。根据当前我国法规规定，受托人向委托人（计划参加者和受益人）提交年度企业年金基金财务会计报告和托管人向受托人提交年度财务会计报告须经会计师事务所审计，建议吸收英国的经验，赋予会计师事务所具有"吹哨"的职能，可以向监管当局直接报告计划受托人与法律相冲突、违反年金规则的内容、侵害计划受益人利益等

事项。考虑到投资管理人向受托人提交的年度投资管理报告的重要性和便于更好地发挥会计师事务所"吹哨"监督作用，建议将年度投资管理报告也置于会计师事务所的审计之列。

5.2.6.4 研究和制定对关联交易的披露制度

1. 对我国企业年金计划的关联方和关联交易进行严格界定

目前，我国对企业关联方关系及其交易的界定主要集中在上市公司身上。根据财政部1997年5月22日颁布的《企业会计准则——关联方关系及其交易的披露》的规定，在企业财务和经营决策中，如果一方有能力直接或间接控制、共同控制另一方或对另一方施加重大影响，则视其为关联方；如果两方或多方受同一方控制，也将其视为关联方。2006年2月的《企业会计准则第36号——关联方披露》对关联方的外延进行扩展：对企业实施共同控制、施加重大影响的投资方构成关联方，母公司的关键管理人员及与其关系密切的家庭成员构成关联方，该企业主要投资者个人、关键管理人员或与其关系密切的家庭成员控制、共同控制或施加重大影响的其他企业构成关联方。具体到我国的信托型企业年金计划中，笔者认为对企业年金的关联方界定可理解为对企业年金计划的发起和运营存在控制和重大影响关系的自然人和法人。一般而言，从企业年金计划发起成立的企业到参与企业年金计划运营的受托人、投资管理人、账户管理人和基金托管人以及有关咨询和服务机构通过以下几种途径产生企业年金的关联方：

（1）投资关系：类似于公司治理中的投资方，参加企业年金计划的企业由于向计划持续供款而成为计划的关联方。

（2）股权关系：参与方之间存在着控股关系从而成为年金计划的关联方，如金融集团下从事企业年金运营相关业务服务的分支机构。

（3）委托关系：参与方之间是信托或者代理关系从而成为年金计划的关联方，如作为计划受托人的年金理事会或受托机构以及由受托人选择产生的投资管理人、账户管理人及咨询服务机构等。

（4）经营关系：参与方之间是共同从事年金业务而成为年金计划的关联方，如计划投资管理人购买股票的公司或金融机构等。企业年金关联交易的内容已经在第4章中进行了分析，这里需要强调的是，由于关联方之间往往存在着多种经济联系，关联交易不可避免，有些关联交易还有降低交易成本、提高经济效益的作用。在实务中对企业年金关联交易的判定应该遵循实质重于形式的原则，同时对于关联交易披露的重点应该是非公允的关联交易，即以非公允价格进行的、以计划受益人利益损失为代价的关联交易。

2. 建立企业年金关联交易的分类披露标准

对于"无须披露交易""事后披露交易""事前获批交易"规定判定标准，特别是针对容易引发企业年金关联交易的环节作出更加严格的披露要求，如本人交易、共同交易、代理交易以及自我投资中要求运营机构必须披露与其具有密切关系的关联方，对运营机构与关联方发生交易的部分设置详细的披露项目，诸如双方的关联形式、交易额占整个企业年金资产的比例以及选择关联方进行交易的依据等（巴曙松、陈华良、贾蓓，2005）。

3. 要求披露关联交易信息的机构和个人对关联交易的客观公平性作出详细的解释和保证

由于非公允关联交易中，年金运营机构与其关系人之间往往利用有关关系人的信息优势，在二级市场进行内幕交易，联手操纵；或者与关系人之间利用价格转移等方式进行利润转移或损害转嫁。为了达到目的，运营机构会故意对计划的财务或管理报告进行歪曲披露和调整，从而误导计划受益人或受托人的选择。为此，对关联交易的客观公平性作出详细的解释和保证，有利于保证披露信息的准确性和真实性，方便受益人的理解和判断。

4. 监管部门强化对提供"一站式"捆绑运营服务的机构实行更为严格的资格审查

提供"一站式"服务的金融机构可以有效降低运营成本，但是出于共同利益的考虑，也容易引发共同交易型关联交易风险。为此，有资格提供"一站式"服务的企业年金计划运营机构必须是那些公司治理完善、商誉卓著、资本雄厚的金融机构。

此外，还要探索建立对精算机构、会计师事务所、律师事务所等专业咨询机构对于企业年金计划运营过程中有关交易的公允价格的披露，从而充分保证计划发起企业和受益人或者受托人能够通过客观标准对运营机构进行选择。当然，专业咨询机构同计划运作机构之间的"软佣金"（soft commissions）协议所包含的服务也必须对计划受益人或受托人披露，以保证实施的交易符合最佳执行标准。

5.2.7 积极构建基于风险控制的企业年金监管体系

基于风险控制的监管正逐渐成为监管模式的主流，越来越多的政府和机构开始采用这种模式。我国企业年金正处于起步阶段，建立基于风险控制的企业年金监管体系，不仅是企业年金健康发展的要求，也是提升我国企业年金监管部门监管能力，学习国外先进监管理念的有益尝试。

5.2.7.1 明确划分监管职责并设定监管目标

根据 IOPS 私人养老金的监管原则，我国构建基于风险控制的企业年金监管体系时，首先应明确合理地设定监管目标，同时对监管部门的职责给予清晰划分。我国对企业年金监管的目标至少应包括：维护企业年金市场的稳定有序，促进市场主体对运营机构的了解，保护企业年金持有人的利益，减少金融犯罪（巴曙松，2006）。

5.2.7.2 梳理企业年金运营管理环节并找出关键风险点

在全面分析企业年金发展经济社会和金融环境以及年金计划运营机构业务能力的基础上，以监管目标为导向，认真梳理企业年金运营管理过程中存在的种种风险，设法规避潜在风险带给企业年金体系的危害，这是建立基于风险控制监管体系的基本思路。传统的监管方式对风险点的判断往往集中在运营机构上，即风险点判断侧重于作为信用关系网的中心枢纽的企业年金受托人、承担着使年金基金保值增值并使长期资产与长期负债相匹配的重任投资管理人以及监督制衡基金投资行为的基金托管人。按照基于风险控制监管目标的要求，结合我国企业年金运营模式特征，目前国内学者对风险点归纳略有不同。比较有代表性的，如巴曙松、陈华良认为，企业年金计划的风险点主要有年金计划体系风险和年金基金管理运作风险两大类，前者包括企业年金理事会的风险、企业年金参与机构关联交易的风险、企业年金计划公允性风险、企业的缴费风险、参与机构的治理结构风险、欺诈和虚假营销的风险 6 种，后者包括产品风险、投资独立性的风险、资金的流动性风险、资产配置风险、通货膨胀风险、账户管理系统风险、资产托管及挪用的风险和信息报告风险 6 类[1]。中国工商银行企业年金中心课题组认为，风险点可以归结为管理机构的经营风险、社会公众的导向风险和监管部门的监管风险。其中，管理机构的经营风险包括信用风险、操作风险和市场风险，社会公众的导向风险包括信息披露风险和舆论误导风险，监管部门的监管风险包括协同监管风险和监管技术风险[2]。笔者认

---

[1] 巴曙松、陈华良：《我国引入基于风险的企业年金监管框架探讨》，《海南金融》，2006 年第 9 期，第 15~18 页。

[2] 中国工商银行企业年金中心课题组：《建立我国基于风险控制的企业年金监管体系》，《金融论坛》，2006 年第 11 期，第 7~9 页。

为，尽管具体划分风险点的内容有所不同，但不同划分方法的思路是一致的，即根据监管目标来整合不同机构业务运营的风险分布，达到风险归并和流程清晰的目的；同时，不同风险划分方式下，实际上都涵盖了一些包括关联交易、信息披露、投资波动、内部治理和控制等重要风险点的内容。

5.2.7.3 构建分工明确的监管框架，加强不同监管机构之间的协调配合

目前，我国企业年金的监管采用了机构性监管模式，即原劳动保障部负责组织对企业年金的监管，其他金融监管部门承担协同对企业年金监管的责任。许多学者基于企业年金计划涉及领域较多的考虑提出应加强企业年金的功能性监管，即指派或建立一个机构根据企业年金基金管理运作流程和各管理人管理职能，实施对不同管理机构的"功能监管"。

笔者认为，机构性监管和功能性监管是两种相互联系的监管思路，对企业年金计划的有效管理除必须同时考虑参与企业年金计划的金融机构类别和当前我国监管机构的设置外，还需要考虑企业年金计划所实现的功能和整体的运作流程。功能性监管和机构性监管都需要监管者具有良好的监管视角，尽管两种方式对风险侧重点的评判不同，但都需要对参与企业年金计划的金融机构面临的风险结构和范围进行全面的综合评价，从而制定有效的监管措施。因此，无论是机构性监管和功能性监管，当前最为迫切的是加强监管机构间的协调和合作，既包括监管信息的合作沟通，也包括监管手段和策略的协调实施。

笔者认为，在现有监管框架下，各监管主体应定期召开联席会议或专业研究会议，对信息的真实有效性进行确认，对市场准入资格、基金投资限制、准备金的计提方式、年金的支付方式以及信息披露等问题共同磋商，对有关数据共同分析，实现信息的共享；最大限度发挥整体监管机构的合力，避免各监管主体之间各自为政的局面，减少冲突发生的可能性，保证企业年金营运的安全性与盈利性。为使监管更加具有针对性，各监管部门内部应明确设立相对独立的企业年金监管部门，专门负责对企业年金日常监管业务管理和各部门之间的联系。此外监管机构应制定标准的风险管理指标，对于企业年金管理人统一使用这些标准，方便不同监管机构之间的交流和沟通。对于企业年金监管过程中遇到的突发性和系统性危机事件，可以考虑成立企业年金计划监管局，分别由原劳动和保障部、人民银行、证监会、银保监会共同构成，负责统一协调各监管部门的关系，进行统一管理。

5.2.7.4 统一使用风险管理工具，全面实施风险导向的管理方法

统一风险管理工具可以帮助不同监管部门准确详细地描述风险的状况，也有助于各管理机构提高自身风险管理的能力。目前普遍使用的风险管理工具主要包括以下两种[①]。

1. 风险控制矩阵（Risk Matrix）

风险控制矩阵是国际上普遍使用的风险管理工具之一，风险控制矩阵表格清晰地说明了各个业务流程的风险状况。该矩阵主要涉及业务流程、风险种类、风险水平、风险产生的原因、风险影响及风险反馈。风险控制矩阵对于监管部门了解和掌握每个年金计划及每个管理机构的风险状况有很大帮助，也为监管者制定更为有效的监管措施提供了参考。

2. 内控自我评估（Self-Assessment）

内控自我评估是金融机构根据自身的业务情况，内部管理人员或专门的内控机构进行自我评估的工具。自我评估工具为企业年金管理机构对自身的风险评估和管理提供了一个标准化的工具，可以提高企业年金管理机构自我管理能力。

在统一风险管理工具的基础上，各监管部门可以据此设计基于风险控制的监管工具，开发风险评估的定量指标和定性指标，运用这些工具实现企业年金监管的目标。同时在企业年金基金管理的每个环节落实基于风险控制的监管思想，保证年金基金管理行业的低风险运行。

5.2.7.5 充分利用外部中介机构在信息披露和外部监管方面的作用，保证企业年金监管体系的透明性

从国外企业年金计划的发展历史来看，以精算师、会计师、审计师、律师、信用评级机构、投资咨询顾问、企业年金计划咨询公司为主体的非金融中介机构，随着年金计划规模的不断扩大，其作用也不断加强，进一步推动了政府实施监管、建立企业年金制度立法规则的重要性。为此，笔者认为，构建基于风险控制的企业年金监管体系，在部分监管环节可以考虑借助外部专业机构，充分利用中介机构所提供的市场信息。如在审计环节、有关内部控制评估

---

① 中国工商银行企业年金中心课题组：《建立我国基于风险控制的企业年金监管体系》，《金融论坛》，2006年第11期，第7~9页。

环节借助外部专业机构,增加监管部门监管意见的专业性和可信赖程度,提高公允度和监管的过程及监管政策制定的透明度,降低政府机构监管风险。

5.2.8 逐步完善我国年金计划保险补偿机制

我国企业年金计划建立保险补偿基金制度,不仅要整体考虑我国金融市场的投资者保护体系,也要考虑企业年金特定的模式。当前,可以着手完善的保险补偿机制应主要从两个方面入手。

5.2.8.1 商业性保险机制的引入

首先,鼓励商业保险公司针对企业年金计划管理机构的管理成员提供责任保险。在当前法人受托机构和受托理事会承担责任能力极端不对称的情况下,为理事会成员提供责任保险显得尤其重要。该种责任险可以由企业或法人受托机构为理事会成员或管理人员购买,主要补偿当事人因工作疏忽或失职对年金基金造成损失所应承担的责任,不对基金投资市场的风险进行保险。考虑到目前国内责任险市场不发达,责任险的种类稀少且很难完全确定理事会成员责任险的赔付金额,也可以针对受托理事会的成员建立风险保证金制度,保证金由建立年金计划的企业拨付,其性质和年金基金一样同企业自身资产行分离,只能用于理事会成员失职对企业年金计划的造成的损失进行补偿。

其次,可以尝试对企业年金计划的基金负债进行再保险,主要对由于管理者失职造成计划基金本身的损失进行补偿,同时,再保险人保留对计划失职管理者的追索权。

最后,可以考虑扩大对企业年金计划的基金负债进行再保险的补偿范围,将由于资本市场波动所造成的年金基金投资亏损风险也一并纳入保障范围。

5.2.8.2 设立专门的补偿基金

国内对于我国的企业年金制度建立专门的补偿基金再保险机制一直有不同的声音。有学者认为,我国企业年金制度是 DC 型的,根本无需设立再保险机制,再保险机制是 DB 型计划的产物,英国和美国建立养老金担保公司和再保险公司等保险补偿机制是在面对国内众多 DB 计划的现实下不得已而为之,并为此承担了过重的财政负担[1]。笔者认为,鉴于当前我国企业年金制度实施 DC 管理和 DB 投资的实际,同时中国民营企业的平均生命周期较短,为更好

---

[1] 郑秉文:《中国企业年金何去何从》,《中国人口科学》,2006 年第 2 期,第 17~18 页。

地保护计划受益人的利益，防止由于企业年金计划因受托人和投资管理人管理不善、疏忽或舞弊欺诈等行为对受益人的损害，建立补偿基金制度是有必要的。但是，在建立补偿基金之初，应该处理好可能带来的道德风险和逆向选择问题，这就需要在补偿基金制度建设方面处理好几个问题。

1. 补偿基金制度建立首先应该汲取银行业的存款保险制度和证券业的投资者补偿保险制度的经验教训

企业年金制度设计本身涉及众多类型不同的金融机构，不同领域的金融机构本身也在客观上存在建立补偿基金制度、更好地保护投资者的需要。企业年金补偿基金制度设计应和其他金融行业的补偿基金相互联系和配合，既要防止对可能年金基金损失的补偿遗漏，又要防止补偿的重复，在维护受益人利益方面发挥合力，进而营造更好的金融生态环境。同时，上述三种补偿制度都会面临被保险机构道德风险和逆向选择问题。因此，企业年金补偿基金制度可以从后两者的运行实践中学习和借鉴更加合理的制衡制度设计，在加强公司结构治理、设计合理的补偿保险费率、确定合理规定补偿范围、明确赔偿顺序等方面加以改进和协调，从而使企业年金补偿基金制度有效地实施。

2. 要明确我国企业年金补偿基金制度的补偿责任和补偿对象

鉴于我国《企业年金基金试行办法》已经规定建立基金投资管理风险准备金，补偿基金制度所应承担的补偿责任应定位于受托人和投资管理人因管理不善、疏忽或舞弊欺诈等行为对受益人和计划参加者的损害以及因发生巨大的系统性风险导致投资管理风险准备金不足以弥补的损失。为此，需要对企业年金的损失进行合理的评估和责任划分，必要的情况下还需要对造成损失的投资管理人或受托人依法追偿。企业年金补偿基金的补偿对象无疑应该是计划的参加者和受益人。考虑到企业年金计划基金收支的时间跨度长，补偿基金的建立和积累需要一定时间，我国企业年金补偿基金制度在建立之初，其补偿责任可仅仅限定于受托人和投资管理人因管理不善、疏忽或舞弊欺诈等行为对受益人和计划参加者的损害。

3. 补偿基金制度应采取由行业自律协会建立并允许年金计划自愿加入的模式

由于我国的企业年金计划采取企业自愿建立的方式举办，国家也没有规定年金基金的最低收益率，年金基金的损益同国家财政兜底没有任何直接的联系。因此，我国在建立企业年金补偿基金制度方面是没有历史负担的。为防止产生新的财政负担，由行业自律协会建立起共同缴费共同管理的补偿基金制度可以更有效地发挥行业自律机构的监督作用，使受托金融机构和投资管理人更加珍惜自身商誉。此外，也可以使政府监管机构处于更为有利的地位，可以根据行业自律协会管理和运作补偿基金的实际效果和企业年金市场发展的状况灵活决定是否需要成立专门的政府机构来管理。

4. 注重补偿基金制度同其他改善年金计划治理的措施相协调

企业年金的补偿基金制度是实现计划参加者和受益人利益保护的一种辅助方式，只有在企业年金计划治理状况不断完善的背景下才能更好地发挥作用。因此逐步实施补偿基金制度的同时要注意灵活地与其他措施相协调。例如加强为计划服务机构之间的制衡和约束机制，防止补偿基金引入带来的道德风险；加强中介机构的监督和辅助，将损失控制在最小；强化企业员工和企业管理层在企业年金计划决策中的地位，保证充分的信息透明和规范化运作；等等。

5.3 发展我国集合企业年金计划的政策思路

当前我国的企业年金计划一般都是单雇主计划，与此相适应的相关法律法规也都是围绕单雇主计划制定的。单雇主计划的参加者和受益人往往是一个特定的企业雇员，而集合企业年金计划的参加范围可以是一个行业甚至是不同行业的雇员。集合企业年金计划有前端集合和后端集合之分。前端集合计划是指在一个企业年金计划名称下，由一个责任实体事先确定各个管理人和投资组合产品，通过提供统一、标准的企业年金基金管理服务，让多个来自不同企业或行业多个委托人可以共同参加的年金计划。后端集合计划则是有单独建立企业年金计划的不同计划投资管理人购买金融机构提供标准的集合投资产品。一般不作特殊说明的情况下，本书中的集合企业年金计划均是指前端集合企业年金计划。虽然集合企业年金计划不能像单雇主计划那样提供具有个性化的年金管理服务，但是由于吸纳了众多计划参加者的规模效应，有效降低了建立计划的成本，集合企业年金计划为众多中小企业参加企业年金计划提供了便利。集合企业年金计划的发展目前在我国还存在着一些法律障碍，同时，选择何种管理模式也还存在争议。

5.3.1 OECD 国家和香港发展集合企业年金计划的经验

集合企业年金计划在国外是多雇主企业年金计划的一种，在 OECD 国家已经有几十年的发展历史。在国外，集合企业年金计划和集合投资计划十分相似，为其服务金融主体往往是相同的金融机构，只不过有时作为金融产品的提供商，有时作为金融服务的提供商。集合企业年金和非养老金集合投资计划的界限越来越模糊，集合投资计划日益成为集合企业年金计划的提供者。从治理的角度来看，在OECD国家的集合企业年金计划有三种基本的结构：

法人型：在这种形式下，集合企业年金计划是独立的法人实体，其资产属于计划资产的投资管理公司，而计划参加者是投资管理公司的股东。

信托型：在此形式下，集合企业年金计划是以"信托"的形式组建，计划是受托人为受益人的利益而管理的一项集合资产，计划参加者是信托的受益人并拥有单位信托资产。

契约型：在此形式下，集合企业年金计划的参加者和计划投资管理公司订立契约，投资管理公司同意以最终计划参加者的利益购买和管理证券组合，计划参加者拥有投资组合一定比例的份额[①]。

在实际运作过程中，不同国家在构建集合企业年金计划治理体系的框架中采取了灵活多边的方式，不同种类的集合企业年金计划往往存在于同一个国家和地区（见表5-1）。从信托型集合企业年金计划来看，传统上采取这一模式的国家和地区包括英国、澳大利亚、加拿大和中国香港地区。上述国家和地区信托型集合企业年金计划从治理机构角度来看主要采取了内部受托和外部受托两种模式。其中内部受托是指由雇主和雇员共同组建的理事会充当受托人；而外部受托是指由专业金融机构充当受托人。

表5-1　部分OECD国家和中国香港集合企业年金计划的类型

	开放式计划	封闭式计划
内部受托模式	1. 开放式行业基金（澳大利亚） 2. 集合养老基金会（瑞士）	1. 传统行业基金（澳大利亚、丹麦、荷兰） 2. 多雇主计划（美国）
外部受托模式	1. 集成信托计划（中国香港） 2. 联合信托计划（澳大利亚、美国）	行业基金（中国香港）

资料来源：Yu-Wei Hu, Colin Pugh, Fiona Stewart, Juan Yermo. Collective Pension Funds—international evidence and implications for China's enterprise annuities reform. OECD Working Papers on Insurance and Private Pensions No. 9。

5.3.1.1　内部受托模式

内部受托的集合企业年金计划也往往被称之为行业计划，一般计划的参加

[①] 孙建勇、杨长汉：《养老金治理与投资》，中国发展出版社，2007年，第62页。

者为某一行业不同企业的雇员,甚至不同行业的雇员也可以参加。在澳大利亚,截至2006年9月,已经有82个行业计划,总资产达到1620亿澳元。在荷兰,2006年企业年金计划覆盖人群中有超过80%的比例参加的是行业计划,全国的行业计划有70多个。一般来说,行业计划具有成本低廉、计划参加者在行业内流动具有较好的可携带性等优点。此外,这些国家行业计划大行其道的一个重要原因就是其国内强大的工会和行业协会组织。行业计划中,工会和行业协会往往在计划治理中发挥着重要作用:一方面,它们在不同企业间和雇员和雇主间起到了协调集体协商机制的作用;另一方面,由于计划中的受托理事会中一般都有相等数量雇员和雇主的代表,有些计划甚至完全由工会来充当受托人,一般认为行业计划对受益人的保护作用比较强。为了确保行业中不同企业的代表都能够参加到计划治理中来,澳大利亚还规定为行业计划中那些某些地域规模较小的企业预留参加理事会的名额。在荷兰,行业计划的理事会还规定设立具有决定权的理事会轮值主席,分别由雇主和雇员代表担任,任期1年。一些OECD国家还引入专业人士担任独立理事,独立理事拥有普通投票权,可对计划的管理提出专业性建议。澳大利亚和荷兰的行业计划理事会成员一般是工会和行业协会的高层,他们担当理事是不计薪酬的。此外,一些国家还要求理事会成员购买责任保险。由于理事会成员的专业知识欠缺,行业年金的投资绩效往往达不到最优。

5.3.1.2 外部受托模式

外部受托模式往往也称为集成受托或集体受托模式,典型的做法是由金融机构提供标准的投资产品,众多希望参加企业年金计划的企业在认可该金融机构的投资风格和收费标准后,委托该金融机构发起设立统一的企业年金基金,并由该金融机构提供和计划有关的服务。集成受托计划一般会提供一组不同风险收益的投资产品,根据计划参加者的风险偏好不同来决定投资策略。从运作流程上看,所谓外部受托模式,实质也是将资金集中到受托金融机构统一管理,类似于共同基金的发起设立。香港强积金的集成受托计划(Master Trust plan)是外部受托模式的典型代表。截至2007年3月,香港的40个企业年金计划中36个就是集成受托计划。集成受托由于有专业金融机构作为受托人来运作,其收益一般要高于内部受托模式。从治理结构上看,集成受托的受托机构一般都为受托人提供"一站式"服务,从基金的账户管理到投资管理甚至基金的保管都由受托金融机构或集团包办。由于受托金融机构中缺少雇主和雇员的代表,集成受托计划的治理重点便是如何更好地加强对计划的控制,让受托金融机构履行其职责。为此，其一般都严格规定了受托金融机构的市场准入资格，要求受托金融机构建立基金的风险准备金等措施。此外，监管机构一般还规定受托金融机构中必须有独立董事。在澳大利亚，法律还规定集成受托的受托机构至少要建立一个包括集成计划参加企业雇主和雇员在内的政策委员会，政策委员会主要功能是作为受托金融机构的咨询机构，对公司的业务没有投票权。为了更好保护受益人的利益，国外受托机构一般也投保责任保险，同时，一些监管机构要求集合受托机构提供的投资选择必须是典型的低风险的保本基金风格。

5.3.2 我国集合企业年金计划的模式选择和治理思路

目前有关我国集合企业年金计划的有关法规和制度正在进行当中，同时业内对于集合计划的治理模式还没存在着"前端集合"和"后端集合"的争论。笔者认为，采用后端集合模式，不同计划的受托人或投资管理人实际上认购了某一基金的投资组合产品，成为该基金的股东或委托人。在这种模式下，集合计划的运作链条中出现了两个风险中心，即不同年金计划的受托人、投资管理人和集合基金的投资管理人，拉长了委托代理链条。监管机构的监管重点将不得不放在两个中心上，同时，组成集合投资的单个年金计划不得不单独建立实际上用处并不大的受托治理结构，并不能简化治理集合投资中各个参加计划的治理结构。而对于前端集合模式，众多希望建立企业年金计划的并不需要建立单个的治理机构便可以通过"多对一"的方式，通过统一的治理主体建立基金集合，统一用一个受托财产托管账户进行资金投资。因此，前端集合的风险点依然集中统一在治理主体身上，便于监管机构的管理，也比较符合我国《企业年金基金管理试行办法》中强化受托人责任的规定。鉴于此，笔者认为当前我国集合企业年金计划应该选择前端集合方式。

从国外集合企业年金计划的实践来看，其对受托人的要求同我国目前规定受托人可以是理事会或金融机构的要求也是一致的，除了具体操作上要进行资金集中管理外，其他流程和与单一企业年金计划并无很大差别，实施起来应该比较方便（许昕、李刚，2007）。但是笔者认为有以下几个方面需要注意。

5.3.2.1 借鉴单个年金计划治理的经验教训

集合年金计划和单个年金计划的治理风险是一致的，从企业年金计划的发展历程来看，单雇主企业年金计划是集合企业年金计划发展的基础，前者的治理经验和治理环境对于后者的治理完善都有很大的促进作用。本书前边章节对企业年金计划治理的分析和建议同样适用于集合企业年金计划。发展集合计划要注意借鉴当前我国企业年金计划治理中的经验教训，集合计划从一开始就要按照法规要求建立规范的治理结构，倡导保护受益人的理念，防止集合计划重蹈单个年金计划治理问题上的教训。

5.3.2.2 重新发现行业企业年金计划的价值

劳动和社会保障部要求原行业管理的以及企业自行管理的原有企业年金均应移交给具备资格的机构管理运营。笔者认为，从完善企业年金在治理的角度来考虑，把行业企业年金计划移交给具备资格的机构受托人来管理固然是一种好的思路，但是由行业理事会管理的形式并没有错，同时还是扩大年金计划规模，实现规模经济的重要途径。之所以行业理事会没有管理好，是因为缺少了理事会成员的民主选举机制，没有充分利用好行业协会和工会的监督作用。从国外的经验来看，通过理事会受托的行业计划比法人受托下的成本低廉，同时在吸纳本行业雇员加入计划方面更具有权威性和吸引力。鉴于此，笔者认为在发展集合年金计划的过程中，要通过学习国外的经验，规范理事会中员工和企业代表的选举、引入独立理事会成员、发挥工会和行业协会的作用，鼓励和规范行业年金计划的发展。

5.3.2.3 对于机构受托管理的集成计划要加强监管的基础上鼓励受托机构提供"一站式"服务

集成计划的参加者往往是中小企业的雇员，其对计划成本和计划效率是比较敏感的。为此，香港为了提高集成计划的效率，降低成本，甚至允许受托金融机构将受托人、账户管理人、投资管理人和资金托管人四种职能集于一身。根据我国目前的法律规定，除资金托管人外，受托机构可以将剩余的职能集于一身。鉴于机构受托管理的集成计划中没有雇主和雇员代表，有必要在加强协调监管的条件下适度鼓励受托机构提供除资金托管外的"一站式"服务，以便进一步减少计划成本。

5.4 推动公司治理与企业年金计划治理的互动发展

5.4.1 企业年金治理和公司治理的关系

首先，从企业年金计划的发展历史来看，年金计划往往是企业人力资源管理战略的重要内容，企业年金计划的治理必然建立在企业治理的基础之上，借鉴和吸收企业治理过程中的经验教训，利用企业治理结构提供的框架和环境。此外，企业年金计划的发展类型和发展方向也必然受到公司治理水平的制约和影响。

其次，出于完善公司治理的目的，公司治理过程需要像企业年金一样的机构投资者参与。企业年金作为稳健的机构投资者，其参与公司治理与管理者作用的动机、方式等也有所区别，将影响替换高管层的决策，迫使管理层改革[1]。企业年金参与公司治理，为防止管理者的"道德风险"和"逆向选择"，采取基于行为或者是基于结果的方式进行监督，提高了监管效率，有效地解决了"搭便车问题"；改变了股东相对于管理者的弱势地位，使公司价值与管理者的价值发生变化，大大地降低了代理成本。

最后，实证研究表明，在企业年金参与公司治理的实践中对公司的股价有影响。根据 Michael Smith 对美国加州公务员养老金计划的研究表明，从 1987—1993 年期间，51 家公司被加州公务员养老金计划确认为股价表现不佳，成为其积极干预的目标。当其中某些公司在加州公务员养老金计划的压力下宣布愿意改变公司治理结构时，其公司股价相应有所涨升；而那些宣布拒绝改变的公司，其股价应声而落。尽管还缺乏长期的证据说明企业年金对公司治理的长期影响，但从这个例子不难看出，二者的关系密切是毋庸置疑的，企业年金有能力通过改变公司股价的形式间接影响公司治理结构。

5.4.2 企业年金参与公司治理的途径

5.4.2.1 用手投票

一旦经营者的行为偏离了所有者的目标，机构投资者便可能通过程序罢免董事或经理。用手投票机制作用的发挥要依靠成熟的经理人市场来督促经理人勤勉工作[2]。实践证明，养老基金在公司董事和经理人选方面起到了很大的作用。1992 年，美国最大的公共养老基金——加利福尼亚州公共雇员养老基金（CalPERS）发起了对通用汽车总经理 Robert C. Stempel 的攻击，这些攻击导致 Stempel 被解雇。

---

[1] 卢仿先、张宁、汪忠：《养老金介入公司治理的利益分析》，《财经理论与实践》，2005 年第 5 期，第 14～18 页。

[2] 宋冬林、张迹：《机构投资者参与公司治理的经济学分析》，《经济纵横》，2002 年第 5 期，第 20～23 页。

5.4.2.2 用脚投票

公司股票价格是公司经营质量的指示器。如果发生经营危机,低廉的股票价格将吸引大批敌意的收购接管者,一旦接管成功,收购者就会撤换公司高层经理。这种外部控制模式,对资本市场、经理市场和商品市场的依赖程度极高。用脚投票也可以表现为通过资本市场的兼并收购将劣势公司驱逐出市场。

5.4.2.3 采取比较温和一些的说服或笼络关系的方式

有时,由于公司股东的激烈干预会形成大股东同经理层的强烈对抗,因此可以采取不太具有攻击性的关系策略。大股东与公司经理层及董事会维持一种融洽的关系,甚至拥有董事会的席位,有助于潜移默化地影响公司决策。

5.4.2.4 对立法及行政监管部门施加影响

20世纪90年代,美国养老基金等机构投资者曾经积极推动美国证券交易委员会制订关于股东提案的第14a-8条款,方便了向广大股东征集"投票委托书",从而为顺利通过机构投资者的提案提供了便利条件。

5.4.2.5 公开曝光绩劣或绩优公司名单

公开曝光绩劣或绩优公司名单实际上是机构投资者向资本市场发出的一种信号,表明机构投资者有可能对经营差的公司采取联合行动,从而消除目标公司存在的问题。如英国养老基金协会(the National Association of Pension Funds in the United Kingdom)及美国机构投资者理事会(the Council of Institutional Investors,CII)等机构投资者定期公布一些经营不善的公司的名单,向那些它们不满意的上市公司经理施加压力。而由机构投资者协会出面批评某些经营不善的公司的最大好处是,可以避免单个的机构投资者或基金经理出面批评该公司而招致该公司的报复。

5.4.2.6 系统化公司治理建议

机构投资者往往会公布、推荐一些具体措施来强化、完善上市公司的治理结构,提高董事会的工作效率。如美国教师退休基金会(TIAA-CREF)在1993年9月发布了它的《对公司治理的政策宣言》,这份宣言详细阐述了它们在股东权利、代理权选择事务、经理人员收入政策、对总经理业绩的评估方法、公司的战略计划、社会责任、董事会的组织结构等方面的一系列意见,并鼓励公司与它们之间的对话。1996年《商业周刊》的调查表明，TIAA-CREF在至少1500家公司的治理结构中发挥了积极有效的监督作用。

5.4.3 企业年金参与公司治理的局限性[①]

5.4.3.1 企业年金不具备进行公司商业决策的能力

企业年金基金管理人的知识结构和知识背景是有限度的，不可能对每个公司战略远景的优劣都有深刻的把握和正确认识。因此，作为机构投资者的企业年金参与公司，切忌对目标公司具体的管理事物指手画脚，管理过细。

5.4.3.2 企业年金自身治理结构的限制

举办企业年金计划的企业可能也面临着来自其他机构投资者的监督管理，因此每个企业为了摆脱这种尴尬，并不热衷于让自身企业年金计划的受托人对其他企业的经营过多干涉。因此，很多时候计划的受托人没有干涉目标企业的动力。

5.4.3.3 投资分散化的法律要求

由于许多国家对于企业年金计划有分散投资的限制，一旦某一计划持有几百种股票，对所有股票进行监督和积极干预就变得十分困难。另外，一些大型企业年金计划为了接受积极选择股票所引起的巨大开销，同时又获得投资分散化得好处，一直投资于指数基金，从而避开了公司治理事务。

5.4.3.4 股东积极参与可能引发的法律责任会损害企业年金受益人的利益

如果企业年金积极推动目标公司实施某些商务决策，一旦被公司接受并得到贯彻执行，那么企业年金可能会承担与董事会和经理层一样得法律责任，因此，企业年金等机构投资者会遵循审慎投资得惯例，规避可能因决策失误引发的法律诉讼。

5.4.4 实现我国信托型企业年金治理和公司治理互动的政策思路

企业年金治理和公司治理的互动发展只有在年金基金达到一定规模的时候

[①] 阎建军：《长期利润模型及其在养老金参与公司治理中的应用》，西南财经大学，2005年，第145页。

才能实现。在目前我国企业年金计划仍处于发展初期，基金规模积累仍然比较小的情况下，公司治理的改善对于企业年金计划治理的完善更具有直接的推动作用。这是因为企业年金计划对公司治理的影响作用的发挥更多的是依靠年金基金在资本市场上充当机构投资者的角色来实现的。因此，当务之急是做大做强企业年金基金规模。

5.4.4.1 加快推进企业公司治理改革

加快推进企业治理尤其是金融企业和上市公司的企业治理是构建企业年金治理微观基础的必要条件。企业年金治理结构中有众多金融机构的参与，客观上要求这些金融机构必须具有良好的自我激励和自我约束机制，更好地履行在计划管理中的相应责任。也只有建立起良好公司治理结构的金融机构，才可能符合企业年金计划参与机构的准入条件，更多的合格金融机构参与企业年金计划管理，才能为计划代理人市场的繁荣和增加竞争性带来可能。同时，公司治理的改善，也为企业年金基金投资提供更多的投资机会和渠道，保证基金长期收益，进一步促进基金规模的扩大。

5.4.4.2 为企业年金基金参与公司治理创造良好的资本市场环境

同国外成熟的证券市场相比，我国在企业年金参与公司治理的市场环境和配套制度上还存在差距。为此，要有效发挥年金基金在公司治理中的作用，还必须下大力气完善相关的资本市场环境。当前，要在股权分置改革实施完成后，进一步优化上市公司股权结构，改进股东大会投票表决机制，夯实股东有效实施民主权利的机制和手段，建立规范运作、职责分明的内部治理结构。同时，要建立市场化、制度化的市场退出机制，由市场竞争来决定上市公司的进入和退出，完善证券市场的激励约束机制。此外，还要进一步完善证券市场的信息披露机制，增强披露信息的公开性、公正性与透明性。

5.4.4.3 逐步扩大企业年金基金投资股票等权益类产品的比例，培育年金基金长期稳健的投资风格

我国《企业年金基金管理试行办法》规定，年金基金投资股票等权益类产品及投资性保险产品、股票基金的比例，不高于基金净资产的30%，其中，投资股票的比例不高于基金净资产的20%。但由于我国资本市场发育不够特别完善，股票投资风险比较高。因此，我国企业年金基金投资于股票等证券市场的比例比较低，同时也未形成明显的机构投资者风格，投资短线操作的迹象

也很明显，反映出年金计划投资管理人急功近利、避免承担投资风险的心理。这种情况下，不利于企业年金发挥机构投资者的作用，促进公司治理机构的完善。Suto 和 Toshino 在 2005 年指出，日本的机构投资者总体上看具有短期倾向，虽然市场期待养老基金成为公司治理的担当者，但研究显示，日本的养老基金过于风险规避，注重短期投资，还很难承担起作为股东的角色。为此，有必要引导企业年金投资管理人逐步形成长期稳健的投资风格，更好地发挥企业年金基金作为机构投资者的作用。

5.4.4.4 在法律上明确企业年金基金参与上市公司治理的途径，在技术上帮助其低成本实施股东权利

年金基金作为公司股东的代表，除了可以行使自身的投票权利和通过买卖公司股票实现"用脚投票"的效果之外，可以考虑借鉴国外的做法，在法律上赋予年金基金行积极谨慎行使代理投票权利、公开曝光绩劣或绩优公司名单以及对被投资公司实施监控等手段，实施积极股东主义，实现对公司治理的参与。

6 我国信托型企业年金治理评价指标体系初探

6.1 公司治理评价的发展现状及其评价指标分析

公司治理评价,是根据公司治理的理念、原则和制度,结合各国的政治法律制度以及文化价值观念,设计与制定一系列指标,对公司治理结构与效益进行考核与评价。现代公司中所有权和经营权的分离以及由此而产生的委托代理关系是公司治理评价产生的根本原因。研究公司治理评价是对公司治理理论研究的一种发展和探索,是将公司治理理论引向公司治理实践的研究,对于公司治理实践理论的发展和完善有着至关重要的作用。

6.1.1 公司治理评价的重要意义

公司治理评价无论对于投资者还是公司本身而言都极为重要。首先,公司治理评价体系有利于促进公司提高治理水平。公司治理评价系统的运行,一方面使上市公司高管人员可以及时掌握公司治理的总体运行状况,以及上市公司在各个具体方面的治理情况,并及时对有可能出现的问题进行诊断,采取措施,最终确保公司价值的增加;另一方面,公司治理评价系统对上市公司的治理状况进行全面、系统、及时的跟踪并定期将评价的结果公布,将对公司产生信誉约束,促使上市公司不断改善公司治理状况,最大限度地降低公司治理风险。其次公司治理评价系统是投资者进行决策分析的战略工具。由于公司治理结构是一个复杂的系统,投资者迫切需要一些对其进行评价的方法,以便在一个共同基础上对不同投资组合的风险/收益进行比较。公司治理评价体系成为投资者进行投资决策时分析和测量相关风险的重要标准。再次,公司治理评价系统可以使监管部门更好地了解本国公司治理状况,有针对性地加强监管。最后,公司治理评价体系对于公司利益相关者,尤其是对银行而言更重要。巴塞尔协议要求银行在风险管理中应该更加关注公司的透明度和公司治理，促使银行将公司治理评价系统作为评估风险的重要工具。

6.1.2 公司治理评价的国外发展现状

国外的治理评价系统按照使用的范围可以分为面向多个国家的评价系统和面向特定国家的评价系统。目前较为有影响的是标准普尔、戴米诺和里昂证券（亚洲）（CLSA）公司治理评价系统，上述系统都是面向多个国家而制定的，在有些评价中使用的标准也很相似。

6.1.2.1 标准普尔公司治理服务系统

国外最早的公司治理评价系统是1998年美国标准普尔（Standard & Poor）所建立的公司治理服务系统。标准普尔以《OECD公司治理准则》、美国CALPERS等提出的公司治理原则以及国际上公认的对公司治理要求较高的指引、规则制定评价指标体系，把公司治理评价分为国家评分与公司评分两部分。前者主要评估一个公司所处的外部环境，侧重于关注宏观层次上的外部力量如何影响一个公司治理的质量，侧重于外部治理机制，从法律基础、监管、信息披露制度以及市场基础四个方面予以考核[①]。法律基础主要考虑与公司治理有关的法律是否完善，其对投资者的保护程度，一国的司法资源、独立性及效率；监督程度主要考虑证券监管机构和自律组织的权限、自律组织与证券监管机构保持独立性、监管机构对信息披露的要求等。信息披露制度则考虑公司财务报告所依据的会计标准、外部审计及相应审计机构的独立性和数量，是否以清晰、及时的方式公开披露包括财务报表和公司治理信息等在内的各种有关信息。市场基础主要考虑股票市场的有效运作、银行体系的健全、机构投资者发育、产品市场的充分竞争、经理市场的有效运作、政商分开、市场诚信和信用基础等。标准普尔公司对国家分析的结果实行三级评价制，即强支持、中等支持和弱支持。强支持表示该国的外部法律法规、监管能力及市场机制对公司治理有严格的约束，弱支持表示公司较少受到相关法规、监管能力及外部市场的约束，而中等支持则介于两者之间。标准普尔公司评分则主要分析公司管理层、董事会、股东及相关人互动的有效性，主要集中于内部治理结构和运作，侧重于内部治理机制，包括所有权结构及其影响、金融相关者关系、财务透明与信息披露、董事会的结构与运作四个维度的评价内容。公司评分采用公

---

① 孟东晓：《证券投资基金治理结构研究》，复旦大学，2003年。

司治理分值（CGS）来表示，分值越高表示公司治理水平越强。具体评分标准见表6-1。

表6-1 公司治理评分标准

公司治理分值	公司治理水平
9~10分	总体上有非常强的公司治理水平，在有关公司治理分析的主要领域几乎没有弱点。
7~8分	总体上有强的公司治理水平，但在有关公司治理分析的中主要领域有某些弱点。
6~7分	总体有中等程度的公司治理水平，记载有关公司治理分析的主要领域有数个弱点。
3~4分	总体为弱的公司治理水平，在有关公司治理分析的一些主要领域有显著的弱点。
1~2分	总体为非常弱的公司治理水平，有关公司治理分析的大部分重要领域有显著弱点。
0分	公司不能或不愿意提供用于公司治理分析的足够信息。

综合考虑内部治理机制和外部治理机制是标准普尔公司治理服务体系的特色之一。标准普尔公司已经给世界各地的多家公司提供了公司治理评分分析。

6.1.2.2 戴米诺公司治理评价体系

戴米诺（Deminor）则以《OECD公司治理准则》以及世界银行的公司治理指引为依据制定指标体系，从股东权利与义务、接管防御范围、公司治理披露以及董事会结构与功能四个维度衡量公司治理的状况，重视公司治理环境对公司治理质量的影响。戴米诺评价体系特别强调了接管防御措施对公司治理的影响，也十分重视国家分析的作用，国家分析提供了一个分析公司的基准。国家分析侧重于对公司治理有关的法律方面的分析，以及对各国公司治理的分析，反映了各国蓝筹公司的公司治理实践。其评价体系包括70多个指标，并不断更新。该体系在欧洲机构投资者中得到较广泛的认同，拥有众多机构投资者用户。

标准普尔和戴米诺的两个评价体系在主要方面是相似的，即都重视一国公司治理的法律环境和达到的总体水平。股东权利、透明性和董事会是共同强调的方面。这与他们依据共同的公司治理原则（如OECD、世界银行等公司治理指引）有关。

6.1.2.3 里昂证券（亚洲）公司治理评价体系

里昂评价系统则从公司透明度、管理层约束、董事会的独立性与问责性、小股东保护、核心业务、债务控制、股东的现金回报以及公司的社会责任等八个方面评价公司治理的状况，它注重公司透明度、董事会的独立性以及对小股东的保护，强调公司的社会责任。里昂证券（亚洲）的评价体系包括 57 个指标，评价结果给予 0~100 的评分，评分越高说明公司治理质量越高。

6.1.3 公司治理评价的国内发展现状

我国公司治理评价较早的有北京连城国际理财顾问公司，于 2002 年推出的中国上市公司董事会治理考核指标体系，涉及经营效果、独立董事制度、信息披露、诚信与过失、决策效果五个方面。它主要从董事会治理效果角度对董事会治理进行评价，不考虑董事会自身的状况。同时，国内也有其他一些机构或学者对公司治理的评价进行了研究，但都不系统、不全面[①]。

目前国内较为系统的公司治理评价体系，是南开大学公司治理研究中心于 2003 年提出的"中国上市公司治理评价指标体系"（CCGINK）。该体系以治理指数的形式来评价公司治理的状况，对"好的"和"不好的"公司治理加以反映，对公司治理水准加以量化，为开展公司治理的实证研究提供了平台，也为证券监管部门的有效监管、投资者的正确投资以及上市公司自我诊断与控制提供有力的工具，填补了我国公司治理状况评价研究领域的空白，但该评价体系并未涉及公司的社会责任，值得进一步研究。

6.2 我国信托型企业年金计划治理评价初探

6.2.1 我国信托型企业年金计划治理评价体系的作用

理论研究的目的在于指导实践。我国企业年金计划治理评价体系的作用在于根据一定的指标体系，对照一定的标准，按照科学的程序，通过定量和定性分析，以指数形式对信托关系下企业年金计划的治理状况做出系统、客观和准确的评判。其具体功能在于以下几个方面。

---

① 周娜：《浅析公司治理评价的现实意义》，《企业管理》，2007 年第 9 期，第 17~20 页。

6.2.1.1 强化监管机构对年金计划监管的针对性

通过系统性地定期公布计划的治理结构评价结果，年金计划的监管部门可以及时掌握监管对象治理结构和治理机制的运行情况，确保监管措施有的放矢。

6.2.1.2 加强信息披露，更有效地保护受益人的利益

及时量化的企业年金计划结构治理指标，可以使计划的受益人和计划成员对于受托人和其他为计划提供服务"当事人"的工作努力程度和工作成效有更为深入的了解，一定程度缓解委托代理关系下由于信息不对称带来的道德风险和逆向选择。

6.2.1.3 助力与计划有关的代理人市场的形成

不同时期量化的计划结构治理指标是计划受托人和其他为计划提供服务"当事人"业绩的历史记录，可以促使受托机构、投资管理人、账户管理、资金托管人以及为计划提供咨询、审计、精算服务的机构和个人重视良好的信用关系，从而有助于围绕年金计划的代理人市场和市场声誉机制的形成，对计划治理提供更为有效的外部监控机制。

6.2.1.4 有助于强化受托人的治理主体职责，及时对计划管理环节可能出现的问题进行诊断、控制

我国信托型企业年金计划中，受托人是治理主体，对计划的运作管理负有最重要的责任。计划治理结构评价结果可以帮助受托人及时掌握计划治理总体运行状况和其他代理人（尤其是投资管理人）的运营情况，对可能出现的问题进行诊断，及时更换不合格的代理人。

6.2.2 我国信托型企业年金计划治理评价指标体系

我国信托型企业年金计划治理评价指标体系与公司治理结构指标体系在构建原理上有相近之处。由于企业年金计划治理有其自身特点，具体指标分析和公司治理仍有较大差距。截至2008年，我国还没有一套有关企业年金计划治理的国家标准和行业标准。2005年的《OECD企业年金治理准则》也只是对各国年金计划提出了一个普遍意义上的治理原则，还很难说是明确的世界范围内企业年金计划治理的统一标准。实际上，各个国家的治理环境差异性较大，也不可能存在统一标准。良好的年金计划治理结构评价指标体系应充分考虑我

国养老保险发展的制度环境、文化氛围，考虑我国资本市场的发展和公司治理状况以及转轨时期法律空缺等诸多因素，采取权变的标准和原则，以国际公认的企业年金计划治理原则为基础，结合我国实际来确定。

笔者参考了标准普尔、戴米诺公司治理结构的评价指标体系，结合《OECD企业年金治理准则》以及我国信托型企业年金计划的特点，对信托型企业年金计划治理的评价简单地从内部治理和外部治理两个维度展开。外部治理主要从企业年金计划的外部治理环境着眼进行治理评价，相当于标准普尔公司治理结构评价中的国家评分。内部治理主要反映了企业年金计划内部治理机构和治理机制的运作水平，相当于标准普尔的公司评分。

6.2.2.1 我国信托型企业年金计划外部治理评价

1. 外部治理指标

企业年金外部治理指标主要由外部市场机制、法律基础、监管环境、信息披露和保险补偿保护等五大部分构成，共有 40 个子指标。具体见表 6-2。

表 6-2 我国信托型企业年金计划外部治理指标

外部治理指标	子项指标	评分标准
外部市场机制（15%）	1. 发起设立企业年金计划资格	设立年金计划是否有条件设置，发起企业的条件标准
	2. 受托人资格限制*	对理事会受托和法人受托资质的规定性
	3. 其他参与为计划服务金融机构的资格限制	对投资管理人、账户管理人、基金受托人等当事人的资质的规定性
	4. 同业竞争程度	为计划服务的金融机构在年金市场上的数量是否达到促进有序竞争的程度
	5. 受托人独立性*	受托机构是否同发起企业或政府机构控制
	6. 计划参加者的选择权	计划参加者是否可以选择不同的开放式年金计划
	7. 对外资的开放程度	是否允许外资进入企业年金市场
	8. 计划退出	是否有成熟的年金计划退出机制
	9. 公司治理水平	参与企业年金市场的金融机构整体公司治理水平
	10. 中介评分	是否存在中介机构定期对企业年金市场参与机构进行评级，并定期对年金计划治理水平评分
小计	f_1	12

续表

外部治理指标	子项指标	评分标准
法律基础 (20%)	11. 信托法	有无信托法律规定，完备性如何
	12. 企业年金法*	有无企业年金法律规定，完备性如何
	13. 投资者保护法	有无对投资者保护的法律规定，完备性如何
	14. 税法	对年金计划的税收优惠的规定性
	15. 信托传承	信托理念和意识的程度
	16. 关联交易*	对关联交易的评判标准和处罚程度
	17. 法律管辖年金计划治理的有效性*	是否有法律管辖年金计划治理的成功案例
	18. 金融机构诚实经营的程度	参与企业年金市场的金融机构是否经常违反有关年金法律规定
小计	f_2	11
监管环境 (30%)	19. 监管机构设置*	监管机构设置是否合理，监管模式是否符合年金发展要求
	20. 监管机构协作*	监管机构的职能是否重叠，是否能有效配合
	21. 监管真空*	监管机构是否存在监管真空
	23. 监管机构的公信力	监管机构是否存在舞弊和不适当监管行为
	24. 自律组织	自律组织是否成立，是否独立于监管机构
	25. 自律组织影响力	参加自律组织的金融机构数量
	26. 监管机构的处罚力度	监管机构的处罚是否公正及时
	27. 治理指引或原则	监管部门是否制订发布企业年金计划的治理指引或原则
	28. 监管总体效果	是否有监管成功的案例
小计	f_3	13
信息披露 (20%)	29. 完备性	包括年金运作主要环节的缴费标准、投资承诺、或利益保证、年度会计报告、年度财务报告、年度精算报告、独立账户收益报告等以及与年金基金运作有关的重大事项等
	30. 量化指标*	对风险信息披露有无量化指标
	31. 真实性*	对年度财务数据是否经过独立审计
	32. 及时性	按照年度要求披露有关财务报告，至少每3年公布投资决策，按监管要求及时提供相关信息

续表

外部治理指标	子项指标	评分标准
	33. 有效性	披露信息简明易懂，信息送达渠道畅通
	34. 层次性	披露信息对象包括监管部门和涉及年金计划管理的机构和个人
	35. 关联交易*	是否对具体关联交易进行披露
	36. 惩罚措施	针对违反信息披露的惩罚是否有力
小计	f_4	11
保险补偿（15%）	37. 保险机制	参与运营企业年金计划的金融机构或个人购买忠诚保险或失职保险
	38. 补偿基金	建立专门的年金补偿基金再保险机制
	39. 投资风险准备金	从年金基金计提投资风险准备
	40. 最低收益率	对 DB 型计划规定最低投资收益率
小计	f_5	4

2. 评分计算

（1）按照每个子项目赋值 1 个单位，带有 * 的子项目因较为重要，赋予 2 个单位，则外部市场机制、法律基础、监管环境、信息披露和保险补偿保护等五大部分分别占有 12、11、13、11、4 个单位。

（2）每部分得分经过归一化处理，可以得到其相应的百分制得分。假设每部分的得分为 s_i，外部市场机制、法律基础、监管环境、信息披露和保险补偿保护等五大部分的百分制得分分别具体计算为 w_i（i=1，2，3，4，5），则 $w_1 = (f_1/12) \times 100$，$w_2 = (f_2/11) \times 100$，$w_3 = (f_3/13) \times 100$，$w_4 = (f_4/11) \times 100$，$w_5 = (f_5/4) \times 100$。

（3）外部治理指标总体得分可以根据外部市场机制、法律基础、监管环境、信息披露和保险补偿保护等五大部分的权重进行加总。假设五部分权重依次为 15%、20%、30%、20%、15%，外部治理总体得分为 w，则 $w = w_1 \times 15\% + w_2 \times 20\% + w_3 \times 30\% + w_4 \times 20\% + w_5 \times 15\%$。

笔者将外部治理每一部分以及总体指标根据得分分为 A、B、C、D、E 五级。得分为 90~100 分，则评级为 A，说明单项或总体指标具有极好的治理水平；如得分为 75~89 分，则该指标的评级为 B，说明单项或总体指标具有较好的治理水平；如得分为 60~74 分，则该指标的评级为 C，说明单项或总体指标具有一般的治理水平；如其评价得分为 40~59 分，则评级为 D，说明单项或总体指标具有较差的治理水平；如其评价得分为 0~39 分，则该评级为 E，说明单项或总体指标具有极差的治理水平。

6.2.2.2 我国信托型企业年金计划内部治理评价

1. 内部治理指标

企业年金内部治理指标主要由责任识别、受托人选举制度、独立受托人制度、内部纠错制度和激励机制等五大部分构成，共有 32 个子指标。具体见表 6-3。

表 6-3 我国信托型企业年金计划内部治理指标

内部治理指标	子项指标	评分标准
责任识别（25%）	1. 信托、委托合同的完备性	法律形式、内部治理结构及其主要目标都应明确地表述在企业年金计划的章程、议事规则、契约及信托工具或任何与此相关的文件之中
责任识别（25%）	2. 治理主体*	治理主体应是符合规定成立的年金理事会或是有相应资格的机构受托人，其责任与义务应与企业年金的首要目标一致；监视企业年金的行政管理，以确保其实现在基金议事规则、章程、契约和信托工具或其他任何与之相关法律文件中所明确列出的目标；负责挑选管理人员，发放薪酬，实施监视，必要时对营运负责人和外部服务供应商进行更换；确保企业年金计划遵守相关法律
责任识别（25%）	3. 专家咨询	治理主体在制定正式决策时应寻求专家意见或聘任专业人士完成某些职能，以确保决策的科学性
责任识别（25%）	4. 审计、精算师	独立于年金计划之外，并负有为监管部门充当外部"告密者"的职责
责任识别（25%）	5. 投资管理人和账户管理人*	取得投资管理人和账户管理人资格，管理运用企业年金基金资产，对基金资产进行投资，建立相应的基金投资管理风险准备金，完整保存基金委托资产的会计凭证、会计账簿和年度财务会计报告，定期向受托人和有关监管机构提交投资运作报告
责任识别（25%）	6. 基金托管人*	取得基金托管人资格，独立于治理主体，托管基金同自有资金分离，不同时兼任投资管理和账户管理，负有外部"告密者"的职责
责任识别（25%）	7. 履职状况	参与企业年金运营的当事人是否经常出现不履职的情况
责任识别（25%）	8. 退出机制	参与企业年金运营的当事人如果不能有效履职，应有相应的机制保证其被撤换
小计	s_1	11

续表

内部治理指标	子项指标	评分标准
受托人选举制度（20%）	9. 受托理事会代表的组成*	理事会应有计划参加者和企业雇主的代表
	10. 理事会雇员代表的比例*	雇员代表在理事会中的比例不得少于1/3
	11. 公平透明的选举制度*	设计理事会成员公平透明的投票制度、选举制度，及时、充足地向有关选举程序提供理事会成员的个人自然状况信息，这些信息至少应包括年龄、企业年金相关的工作年限、任职资格和从业经验等
	12. 工会组织参与	理事会成员选举可以由工会组织监督或通过工会组织实施选举，并确定雇员代表
	13. 专门委员会	对于机构受托人，可以在机构受托人公司治理结构中引入负责对特定企业年金计划进行监督的专门委员会
小计	s_2	8
独立受托人制度（20%）	14. 独立理事	受托理事会应引入专业人士作为理事会独立理事
	15. 独立理事资格	独立理事应具有专业知识背景，且同计划雇员和雇主均不存在利益关系
	16. 独立理事职责	独立理事可以直接向监管部门揭发理事会不当行为
	17. 独立理事的选举和罢免*	计划应制定专门的独立理事选举办法，非经理事会2/3以上，不能罢免当选独立理事
	18. 独立董事	法人受托机构应在其公司治理框架内引入独立董事
	19. 独立董事资格	独立董事应具备有关专业知识背景，且同计划雇员和雇主均不存在利益关系
	20. 独立董事职责	独立董事关注的重点应是计划参加者和受益人的利益，对于法人受托机构的不当行为负有向监管部门告密的职责
	21. 独立董事的选举和罢免*	独立董事的任命需经计划委托人和受托机构董事会的同意才可实施，受托机构董事会2/3多数同意才可当选或罢免
	22. 独立董事的比例*	独立董事比例应达到董事会的1/3
小计	s_3	12

续表

内部治理指标	子项指标	评分标准
内部纠错制度（20%）	23. 成员抱怨机制*	计划参加者和受益人有直接向监管部门表达意见和不满的渠道
	24. 上诉委员会*	设置独立于受托人之外，专门处理受益人与企业年金运营经办机构利益冲突的机构
	25. 非正式仲裁机构	通过政府或自律组织设置非正式养老金仲裁机构处理计划受益人和参加者的不满
	26. 有效性	有无通过上诉委员会、成员抱怨机制或非正式养老金仲裁机构成功处理利益冲突的案例
	27. 自愿更正体制	监管机构允许企业年金运作过程中对于违规行为在监管部门发现之前自行更正解决
小计	s_4	7
激励机制（15%）	28. 评估体系*	建立对企业年金计划经办机构的绩效评估体系
	29. 收费方式*	建立与业绩挂钩的浮动费率机制
	30. 声誉效应	社会舆论对企业年金经办机构有较大的影响力，监管部门对于经办机构的准入资格严格限制
	31. 收费水平	经办机构收费水平相对于国内同行业是否较高
	32. 基金投资经理薪酬	年金基金投资管理人内部的基金经理是否采取激励机制
小计	f_5	7

2. 评分计算

（1）按照每个子项目赋值 1 个单位，带有 * 的子项目因较为重要，赋予 2 个单位，则责任识别、受托人选举制度、独立受托人制度、内部纠错制度和激励机制等五大部分分别占有 11、8、12、7、7 个单位。

（2）每部分得分经过归一化处理，可以得到其相应的百分制得分。假设每部分的得分为 s_i，则责任识别、受托人选举制度、独立受托人制度、内部纠错制度和激励机制等五大部分的百分制得分分别具体计算为 n_i（$i=1, 2, 3, 4, 5$），则 $n_1 = (s_1/12) \times 100$，$n_2 = (s_2/11) \times 100$，$n_3 = (s_3/13) \times 100$，$n_4 = (s_4/11) \times 100$，$n_5 = (s_5/4) \times 100$。

3）内部治理指标总体得分可以根据责任识别、受托人选举制度、独立受托人制度、内部纠错制度和激励机制等五大部分的权重进行加总。假设五部分权重依次为 25%、20%、20%、20%、15%，外部治理总体得分为 n，则 $n = n_1 \times 25\% + n_2 \times 20\% + n_3 \times 20\% + n_4 \times 20\% + n_5 \times 15\%$。

笔者将内部治理每一部分以及总体指标根据得分分为 A、B、C、D、E 五级。具体评级水平参照外部治理部分。

在上述信托型企业年金计划治理评价指标体系的实际应用中，不仅可以对某一计划的外部治理和内部治理通过评级进行总体分析，也可以具体就计划某一部分指标进行具体评价分析，以找出其在治理结构方面的主要问题所在。必须指出的是，由于考虑问题的局限性及学识所限，笔者在设计具体评价指标时，不可避免地存在有些指标不一定合理、指标引入不全面、权重设置不科学等问题。因此，整个企业年金治理指标体系也不一定完整，还需要在年金计划实际运作中进一步完善。

参考文献

[1] 巴曙松,陈华良. 我国引入基于风险的企业年金监管框架探讨 [J]. 海南金融,2006 (9):15—18.

[2] 陈文浩. 公司治理 [M]. 上海:上海财经大学出版社,2006:176.

[3] 崔少敏,文武. 补充养老保险——原理、运营与管理 [M]. 北京:中国劳动社会保障出版社,2002:67.

[4] 邓大松,刘昌平. 我国企业年金基金治理研究 [J]. 公共管理学报,2004 (8):15—18.

[5] 邓大松,刘昌平. 我国企业年金制度研究 [M]. 北京:人民出版社,2004:19.

[6] 丁建定. 论当代西方社会保障改革 [J]. 中国社会保障,2006 (4):12—13.

[7] 费方域. 什么是公司治理 [J]. 上海经济研究,1996 (5):33—37.

[8] 高雅琴. 企业年金委托代理理论模型及其启示 [J]. 辽宁工程技术大学学报(社会科学版),2004 (11):33—35.

[9] 高战胜. 企业年金法律制度研究 [D]. 北京:中国政法大学,2005:85—86.

[10] 国务院发展研究中心金融研究所,银华基金管理公司企业年金课题组. 企业年金理事会受托模式下的结构治理与完善 [J]. 福建金融,2005 (1):17—20.

[11] 胡汝银. 中国上市公司治理机制与独立董事制度建设 [J]. 中国金融,2000 (9):17—19.

[12] 劳动和社会保障部社会保险研究所,中国太平洋人寿保险股份有限公司. 中国企业年金财税政策与运行 [M]. 北京:中国劳动社会保障出版社,2003:100.

[13] 劳动保障部社会保险研究所,博时基金管理有限公司. 中国企业年金制度与管理规范 [M]. 北京:中国劳动社会保障出版社,2002:98.

[14] 李春玲. 美国企业年金制度变迁研究 [M]. 北京：知识产权出版社，2007：121.

[15] 李国平. 行为金融学 [M]. 北京：北京大学出版社，2006：30.

[16] 李天成. 基于委托代理理论的企业年金运营研究 [J]. 天津理工大学学报，2005（8）：20-24.

[17] 利坦. 金融部门的治理：公共部门和私营部门的作用 [M]. 北京：中国金融出版社，2006：22.

[18] 林义，彭雪梅，胡秋明. 企业年金的理论与政策研究 [M]. 成都：西南财经大学出版社，2006：37.

[19] 林义. 社会保险基金管理 [M]. 北京：中国劳动社会保障出版社，2002：26.

[20] 林义. 社会保险制度分析引论 [M]. 成都：西南财经大学出版社，1997：57.

[21] 林义. 养老保险改革的理论与政策 [M]. 成都：西南财经大学出版社，1995：102.

[22] 林羿. 美国的私人退休金体制 [M]. 北京：北京大学出版社，2002：78.

[23] 林羿. 美国企业年金的监督与管理 [M]. 北京：中国财政经济出版社，2006：67.

[24] 林毅夫. 现代企业制度的内涵与国有企业改革方向 [J]. 经济研究，1997（3）：9-12.

[25] 刘艳丽. 信托型和公司型企业年金计划的治理比较 [J]. 市场周刊，2005（8）：23-25.

[26] 刘云龙，傅安平. 企业年金——模式探索与国际比较 [M]. 北京：中国金融出版社，2004：23.

[27] 刘正周. 管理激励与激励机制 [J]. 管理世界，1996（5）：23-26.

[28] 刘子兰，刘万. 养老基金与公司治理：股东积极主义效应分析 [J]. 现代管理科学，2005（9）：7-10.

[29] 卢仿先，张宁，汪忠. 养老金介入公司治理的利益分析 [J]. 财经理论与实践，2005（5）：28-30.

[30] 马科，吴洪波，秦海青. 基于交易费用和委托代理理论的企业组织研究 [J]. 科技与管理，2005（1）：31-33.

[31] 孟东晓. 证券投资基金治理结构研究 [D]. 上海：复旦大学，

2003：146.

[32] 彭德琳. 新制度经济学 [M]. 武汉：湖北人民出版社，2002：64.

[33] 蒲勇健，刘渝琳. 基于委托－代理理论的养老保险基金投资合同设计 [J]. 经济问题探索，2005（5）：40－43.

[34] 钱颖一. 中国公司治理结构改革和融资改革 [J]. 经济研究，1995（1）：20－25.

[35] 石长江. 证券投资基金治理及基金投资者利益保护问题研究 [D]. 上海：复旦大学，2004：50.

[36] 宋冬林，张迹. 机构投资者参与公司治理的经济学分析 [J]. 经济纵横，2002（5）：20－22.

[37] 孙建勇，杨长汉. 养老金治理与投资 [M]. 北京：中国发展出版社，2007：27.

[38] 孙建勇. 企业年金运营与监管 [M]. 北京：中国财政经济出版社，2004：78.

[39] 王艳梅. 信托的功能——资本运营视角下的探析 [J]. 当代法学，2004（5）：56.

[40] 魏加宁. 养老保险与金融市场——中国养老保险发展战略研究 [M]. 北京：中国金融出版社，2002：123.

[41] 阎建军. 长期利润模型及其在养老金参与公司治理中的应用 [D]. 成都：西南财经大学，2003：145.

[42] 杨瑞龙. 怎样提高国有企业治理结构的效率 [J]. 前线，1999（1）：11－13.

[43] 伊志宏. 养老金改革模式选择及其金融影响 [M]. 北京：中国财政经济出版社，2000：30.

[44] 张洪涛. 新形势下保险资金运用的政策取向 [J]. 管理世界，2003（10）：9－12.

[45] 张维迎. 产权、激励与公司治理 [M]. 北京：经济科学出版社，2005：13.

[46] 张云. 金融监管论在企业年金管理中的应用和启示 [J]. 商业时代，2007（21）：42－45.

[47] 郑秉文. 企业年金治理的一个圭臬 [J]. 保险与社会保障，2006（1）：15－18.

[48] 郑秉文. 我国企业年金的治理危机及其出路 [J]. 中国人口科学，2006

(6)：7-9.

[49] 中国工商银行企业年金中心课题组. 建立我国基于风险控制的企业年金监管体系［J］. 金融论坛，2006（1）：7-9.

[50] 中国养老金网. 中国企业年金规范与发展［M］. 北京：中华工商联合出版社，2007：33.

[51] 周宏. 福利的解析［M］. 上海：上海远东出版社，1998：10.

后　　记

　　从 2004 年中国劳动和社会保障部颁布实施《企业年金试行办法》和《企业年金基金管理试行办法》至今，中国企业年金已经经历了十几个年头的规范发展期。但是，相比于基本养老保险，时至今日，企业年金无论是发展速度，还是基金规模、支付规模，都远远没有达到预期的水平。和十几年前相比，中国的老龄化程度和多支柱养老保障体系建设的紧迫程度在加深，企业年金乃至整个补充养老体系在多支柱养老保障体系当中成为亟待发展的短板。企业年金的健康发展，除了国家宏观政策扶持和税收优惠之外，更加需要完善企业年金的治理。可以说，企业年金的治理是其自身发展的锚，只有锚定稳固，在实践中持续健全治理结构、完善治理机制，才能确保企业年金基金真正实现高质量快速增长。本书虽作于 2008 年，但是一些思路依然不过时，对当前我国企业年金治理的完善依然有一定的借鉴作用。纵观全球养老金市场，在经历了 2008 年世界金融危机之后，人们也更加清醒地看到，在企业年金治理实践中，没有最佳实践，只有更佳，因此企业年金的治理过程也是永无止境的。